21世纪职业教育规划教材

U0853883

西餐服务

主　编　陈燕航
副主编　张水芳　王霞云　黄志明

中国人民大学出版社
· 北京 ·

前　言

本教材的内容安排以学生就业为导向、以能力为本位、以岗位需要和职业标准为依据，致力于满足学生职业生涯发展的需求，适应社会经济发展和科技进步的需要。教材编写以“任务引领、实践导向”为指导思想，并依据学生的认知规律，按完成西餐服务工作项目的标准要求和操作程序设计教学活动，使学生在技能的训练中加深对专业知识和技能的理解与应用。教材中还采用了大量的图片，帮助学生在技能训练过程中进行动作的模仿，使教材的活动内容设计具有可操作性。本教材适用于中等职业学校酒店服务与管理专业或旅游服务与管理专业。通过本课程的学习，能让学生胜任各式西餐厅服务工作和基层管理工作，掌握西餐厅的服务流程和工作要点，培养学生的实践能力、创新能力。除了项目一为理论知识介绍外，其余三个项目均由以下栏目组成：

“工作情景”——设计了在真实工作环境中可能会遇到的实际工作情景，将应用项目置于真实的工作情景中，让学生尽量贴近将来工作中可能遇到的情况，主要锻炼学生的社会能力。

“知识预备”——重点讲解与本工作任务相关的知识，为下一步的任务分析和实施做好准备，主要帮助学生熟悉相关的专业知识。

“工作过程”——工作任务的具体实现。结合完成任务的工作过程，及时辅以紧密相关的专业知识、技能，引导学生通过任务的实施、检查和评价，锻炼专业实战能力。

“工作评价”——工作任务的反馈。针对工作任务的完成情况进行反馈和检验，主要了解学生对知识和技能的掌握情况。

“拓展与练习”——针对本工作任务进行相关知识的拓展，引领学生进行知识的迁移和更新，培养学生举一反三、灵活应用的能力。

“任务小结”——对本工作任务的要点进行归纳总结。

本书由宁波行知中等职业学校的陈燕航担任主编，浙江旅游职业学院的张水芳、宁波行知中等职业学校的王霞云、喜来登大酒店的黄志明担任副主编，浙江旅游职业学院的沈建龙担任主审。本书的编写分工为：张水芳编写项目一，王霞云编写项目二，黄志明编写项目三，陈燕航编写项目四。本书在编写过程中参阅了酒店业内许多专家学者的相关文献，在此表示诚挚的感谢!

由于编者水平和时间有限，书中难免存在疏漏与不妥之处，恳请专家和广大读者批评指正。

编　者

2014年6月

目　录

项目一　细腻精致之西餐文化 …… 1

任务一　认识西餐 …… 3

任务二　认识西餐服务 …… 12

任务三　认识西餐礼仪 …… 16

项目二　高端洋气之西餐摆台 …… 21

任务一　认识餐具 …… 23

任务二　折餐巾花 …… 51

任务三　西餐摆台 …… 67

项目三　浪漫温馨之零点服务 …… 75

任务一　咖啡厅服务 …… 77

任务二　扒房服务 …… 84

任务三　客房送餐服务 …… 95

项目四　典雅华丽之宴会服务 …… 103

任务一　宴会服务 …… 105

任务二　自助餐服务 …… 119

任务三　鸡尾酒会服务 …… 135

项目一　细腻精致之西餐文化

学习目标

◎ 熟悉西餐经营的特点
◎ 熟悉西餐进餐的礼仪
◎ 掌握西餐上菜的顺序
◎ 掌握西餐酒水搭配原则
◎ 掌握西餐的服务方法

任务一　认识西餐

【知识预备】

西餐厅的经营有别于我国的中式餐厅，主要体现在餐厅环境、菜肴和酒水、餐饮服务、评价和管理、餐饮筹划五个方面。了解西餐厅的经营特点，掌握西餐的上菜顺序以及酒水与菜肴之间的搭配规则，是胜任西餐厅服务工作的基础。

一、西餐及西餐厅介绍

（一）西餐的概念

西餐中的“西”是西方的意思，一般指西欧各国；“餐”就是饮食、菜肴。我们通常所说的西餐不仅包括西欧国家的饮食、菜肴，还包括东欧各国的饮食、菜肴，也包括美洲、大洋洲、中东、中亚、南亚次大陆以及非洲等国的饮食、菜肴。

（二）西餐厅设计风格

西餐厅的设计风格应与某国民族习俗相一致，要充分尊重居民的饮食习惯和就餐环境需求。西餐厅的设计风格是多样化的，大致有以下几种。

1. 欧洲古典风格

通常运用一些欧洲建筑的典型元素，如拱券、铸铁花、扶壁、罗马柱、夸张的木质线条等来构筑室内的欧洲古典风情。同时，结合现代的空间构造手段，从灯光、音响等方面来加以补充和润色。

2. 乡村风格

这是一种如田园诗般恬静、柔和、富有乡村气息的装饰风格，较多地保留了原始、自然的元素，使室内空间流淌着一种自然、浪漫的气息，质朴而富有生气。

3. 前卫风格

如果目标顾客是青年消费群体，运用前卫且充满现代气息的设计手法最适合青年人的口味。空间构造一目了然，各个界面平整光洁，巧妙运用各种灯光营造室内轻快而富有时尚气息的氛围，偶尔可流露一种神秘莫测的气质。

常见的西餐厅布置如图 1—1—1 所示。

二、西餐厅的经营特点

（一）西餐厅应有良好的餐厅环境

西餐消费的发展是同西方国家的经济发展相适应的，因此，西方发达国家的人们在餐厅消费时，除了要得到可口的饮食和优质的服务外，还要享受优雅的进餐环境。这就要求西餐厅要设在交通便利的地方，并与它周围的环境相协调。此外，西餐厅还要有独具特色

图 1—1—1　西餐厅布置

的建筑外观，美观大方、和谐雅致的装修与家具，以及风格独特的菜单、餐具、酒具与摆台等。

（二）西餐厅应能够提供优质的菜肴和酒水

西餐厅经营的关键是菜肴和酒水。优质的菜肴和酒水的标准是卫生、新鲜、有营养、有特色，热菜应是热的，凉菜应是凉爽的。菜肴和酒水的数量和重量、气味和口味、颜色和造型、装饰和包装等都应达到顾客的要求。西餐厅必须对各种开胃菜、沙拉、汤、三明治、主菜、面包和甜点的开发、设计、制作、质量及成本等进行严格的管理。酒水也是不可忽视的餐饮产品，它不仅为西餐厅带来巨大的利润，还可为西餐厅带来声誉。西餐酒水的品种非常多，不同的酒对饮用温度、饮用时间、配制方法、服务方法等有不同的要求。除此之外，西餐厅还提供各种果汁、软饮料、茶和咖啡等。因此，酒水单的设计和筹划、各种鸡尾酒和饮料的开发、设计、生产、配置与服务也是西餐厅经营管理的重点。

（三）西餐厅应能够提供优质的接待服务

接待服务也是西餐厅经营成功的关键。西餐厅管理人员必须以身作则，重视对员工服务态度、礼节礼貌以及服务程序和方法的培训。服务是西餐厅的无形产品，和有形产品同等重要。

（四）西餐厅应依靠优秀的管理来赢得顾客的首肯

西餐厅的经营者须依靠优秀的管理争取回头客。许多西餐厅的消费水平总体较高，但生意很好，主要是因为回头客很多，并且老顾客带来了许多新的顾客。尽管西餐厅的菜肴和酒水价格高一些，但菜肴和酒水的质量高，提供的服务优质，顾客会觉得物有所值。因此，西餐厅相对于一些一般档次的餐厅而言，其利润要高得多。此外，顾客是否光临某家餐厅还取决于其他许多方面，如方便的停车服务、洁净的餐厅、整洁的卫生间及餐厅的气氛、情调和装饰等。西餐厅依靠优秀的、独具特色的经营管理，基本上能够满足顾客的这些需求，因而比较容易赢得顾客的认可。

（五）西餐厅应做好餐饮筹划

餐饮筹划是西餐厅经营管理的基础。这里的餐饮，是指西餐厅或咖啡厅每天销售的早餐、午餐和晚餐等。西餐厅各餐次的菜单和服务的筹划与设计、餐厅服务人员的组织、菜肴和西点的价格计划等，是西餐厅经营管理的一个重要内容。

三、西餐菜单介绍

西餐正餐一般由头盘、汤、沙拉、主菜、甜品、咖啡或茶等组成。下面为大家展示的是一家西餐厅的菜单：

头盘（Appetizers）

【西餐第一道菜——头盘，也称开胃品。有冷、热头盘之分，风味独特，味道以咸或酸为主，数量较少，用料考究，品质较高。】

博古斯海皇塔配鹅肝油松露酱 1998 元/份

Bocuse Wine & Fois Gras

戛纳顶级鱼子酱海鲜拼盘 1288 元/份

Cannes Caviar & Seafood Platter

顶级牛柳配油浸法国 5A 级鹅肝 988 元/份

French-style Upstage Beef & Fois Gras

法式松露鹅肝酱佐青苹果乳酪及鱼子酱 268 元/份

French-style Foie Gras with Green-apple Cheese and Caviar

顶级鱼子酱及生煎冰岛带子配北极风味奶油菜花泥及鲜芦笋 228 元/份

Pan-fried Scallops with Arctic Flavor Spinach and Cauliflower Spread

挪威烟熏三文鱼佐奶油蘑菇及香草烩蛋 168 元/份

Norwegian Smoked Salmon with Braised Mushroom and Sauted Vanilla Cream

卜艮第香草汁焗蜗牛 128 元/份

Bourgogne Vanilla Baked Snails

汤（Soup）

【西餐第二道菜——汤，有清汤、浓汤、特浓汤之分，主要起润肠、润胃的作用。】

北欧海鲜浓汤 118 元/份

Nordic Seafood Soup

德式都兰豆啤酒浓汤 78元/份
German-style Bean& Beer Soup
地中海奶油松茸汤配野生黑松露 68元/份
Mediterranean Cream Matsutake
with Wild Truffle
古拉式传统牛肉浓汤配黑麦面包 58元/份
Traditional Rich Beef Soup with
Rye Bread
法国栗茸南瓜汤佐新鲜罗勒及鹅肝油 48元/份
French Chestnut Pumpkin Soup
with Fresh Basil Oil
爱丽克斯巴伐利亚土豆汤伴法兰克福肠 38元/份
Bavarian Potato Soup with
Frankfurt Sausages

沙拉（Salad）

【西餐第三道菜——沙拉，以酸、辣、苦三种味道为主，有凉、热之分，注重造型和口味，起二次开胃作用。】

地中海式甜虾沙拉 68元/份
Mediterranean Style Sweet
Shrimp Salad
意大利蔬菜啫喱饼佐中式辣味汁 68元/份
Italian Salad with Chinese-style
Spicy Dressing
奥斯陆酸甜三文鱼配蔬菜沙拉卷 58元/份
Mediterranean Cream Matsutake
with Wild Truffle
普罗旺斯土豆炙烤八爪鱼沙拉 58元/份
Provence Potatoes Brolide Octopus Salad
法式酸乳酪水果沙拉配新鲜树莓酱 58元/份
French Yogurt and Fruit Salad
with Raspberry Sauce
那不勒斯田园沙拉配初榨橄榄油及现磨胡椒 58元/份
Naples Garden Salad with
Olive Oil and Ground Pepper
尼斯保罗水牛乳芝士沙拉配青柠檬及初榨橄榄油 48元/份
Paul Nice Buffalo Milk Cheese

Salad with Green-lemon and
Virgin Olive Oil

主菜（Main Course）

【西餐第四道菜——主菜，是一餐中最主要的菜，讲究营养搭配均衡，以鸡、鸭、鱼、肉和野味为主。】

磨房式煎鹅肝配阿拉斯加雪蟹钳金巴黎汁 468 元/份
Foie Gras & Alaskan Snow Crab
推荐热度：★★★

普罗旺斯碳烤鳕鱼伴生煎鹅肝配黑醋栗 398 元/份
Prorence Charcoal Grilled Codfish &
Goose Liver with Black Currant

顶级乳牛粒配牛肝菌松露汁伴红花泡沫 268 元/份
Top Grade Beef Liver and Mushroom
Truffle Sauce
推荐热度：★★★★★

炭烤 T 骨牛扒配黑椒少司及炒蘑菇 238 元/份
T-Bone Steak with Black
Pepper and Fried Mushrooms

炭烤西冷牛扒配蘑菇少司及黑醋栗 208 元/份
Grilled Sirloin Steak with
Mushrooms and Blackcurrant

炭烤肉眼配香草牛肉少司及土豆饼 208 元/份
Grilled Rib-eye Steak with
Mushrooms and Hash Browns

奥斯陆炙烤海虹伴三文鱼海鲜汁 198 元/份
Norwegian Salmon with Seafood Sauce

普罗旺斯炭烧乳牛粒配迷迭香汁 188 元/份
Herb de Provence Grilled Beef with
Rosemary Sauce
推荐热度：★★★★★

煎法国鹅肝配焦糖苹果汁黑块菌 188 元/份
Foies Gras with Caramel Apple Cider
and Black Truffles

红酒烧羊鞍配牛肝菌及黑松露少司 178 元/份
Roast Lamb with Red Wine，Porcini
Mushrooms and Truffles

炙烤挪威三文鱼配奶油八角汁 148 元/份
Baked Norway Salmon with

Cream Star Anise Sauce

北欧煨焗银鳕鱼普罗云苏风味 148元/份

Simmered and Baked Cod Fish Provence Style

煎德式慕尼黑米特劳夫肠 138元/份

Munich-style Sausages

推荐热度：★★★★

米兰香草炭烤羊鞍配迷迭香羊肉浓汁及意式烩菜 128元/份

Milan Vanilla Char-grilled Lamb Chops with Rosemary Rich Gravy and Italian vegetables

米其林三星时光牛扒配牛肝菌松露汁 118元/份

Char-grilled Australian Fillet Steak with Truffle Sauce

法式香草鸡胸配哥伦比亚烤薯烩蘑菇及黑胡椒汁 88元/份

French Vanilla Chicken Breast and Braised Mushrooms in Black Pepper Savce with Colombian Baked Potatoes

香烤巴伐利亚肉肠配土豆泥及德国酸菜 88元/份

Baked Bavarian Sausages with Mashed Potatoes and Germany Sauerkraut

炭烤德国蜗牛肠配土豆泥及德国酸菜 78元/份

Baked Bavarian Sausages with Mashed Potatoes and German Sauerkraut

德国图林根传统香肠 68元/份

Baked Bavarian Sausages with Mashed Potatoes and German Sauerkraut

意大利初榨橄榄油炒季节蔬菜 68元/份

Spagheffi and Olive Oil with Seasonal Vegetables

主食（Main Food）

【西餐第五道菜——主食，以意面、米饭、创意主食为主。】

传统翅汤海鲜豆面 218元/份

Traditional Seafood Fin Noodles

推荐热度：★★★★

时光柔软酷呆面　　88 元/份

The Special Noodle of The Hourglass

海鲜茄汁炒意大利面　　88 元/份

Tomato Cooked in Soy and Vinegar with Seafood Sauteed Italian Paghetti

香浓咖喱牛肉饭　　68 元/份

Sweet Curried Beef with Rice

黑椒牛柳炒意大利面　　58 元/份

Black Pepper and Barbecued Sauteed Italian Paghetti

佛罗伦萨黑胡椒香浓牛肉斜切通心粉　　48 元/份

Florence Black Pepper Beef with Macaroni

地中海芝士香草焗粉团佐意大利萨拉米　　48 元/份

Mediterranean Salami and Cheese Meatball

那不勒斯金枪鱼焗饭配车达芝士　　38 元/份

Naples Tuna Rice with Cheddar & Cheese

甜品（Dessert）

【西餐第六道菜——甜品，在餐后起完美修饰的作用，清新口气。】

北欧香梨布丁佐鲜巧克力慕斯　　48 元/份

Nordic Snow Pear Pudding with Chocolate Mousse

热中式甜饼配香草冰淇淋及薄荷啫喱　　48 元/份

Chinese Cake with Vanilla Ice Cream and Mint Jelly a la Mode

黑巧克力慕斯佐法式奶油炖蛋　　48 元/份

Dark Chocolate Mousse with Cream Brulee

鲜草莓慕斯蛋糕伴咖啡力娇　　48 元/份

Fresh Strawberry Mousse with Kahlua

四、西餐的上菜顺序

西餐的午餐、晚餐不论是宴会还是便餐，都有一定的上菜顺序。正餐的上菜顺序为：头盘、汤、沙拉、主菜、甜品、咖啡或茶。总的来讲，西餐上菜遵循以下原则：(1) 先冷菜后热菜，最后再到冷菜；(2) 从鲜美到甜味；(3) 口味从清淡到浓重，再到清淡；(4) 从生到熟。

（一）头盘（Appetizer）

头盘就是开餐的第一道菜，旨在开胃，所以又称开胃品或开胃菜，一般数量较少。头盘又分为冷头盘和热头盘。头盘常用中、小型盘子或鸡尾酒杯盛装，色彩鲜艳、装饰美观，以增进宾客食欲为目的。

冷头盘由冷制食品制成，如熏三文鱼、黑鱼子酱、生蚝等。

热头盘由热制食品制成，如法式焗田螺、串烧海虾、奶油鸡酥盒、酿班戟。

（二）汤类（Soup）

西餐中的汤类花色品种很多，大致可分为冷汤类和热汤类，一般要求原汤、原色、原味。热汤中有清汤和浓汤，如牛尾清汤、鸡清汤、奶油汤、法式洋葱汤等。冷汤较少，比较有名的有西班牙冻汤、德式杏仁汤、格瓦斯冷汤（Cold Cucumber Soup）。

（三）沙拉（Salad）

沙拉的英文意思为凉拌食品，具有开胃、助消化和增进食欲的作用。沙拉可分为水果沙拉、蔬菜沙拉和荤菜沙拉三大类。前两种清淡、爽口，适用于中、晚餐伴随主菜一起食用，后一种多用于冷盘，可单独作为一道菜。常见的沙拉有什锦沙拉（Mixed Salad）、厨师沙拉（Chef's Salad）、海鲜沙拉（Seafood Salad）、水果沙拉（Fruit Salad）。

（四）主菜（Main Course）

主菜又名主盘，通常是甜品前的一道菜，是全套菜的灵魂。制作主菜相当考究，既要考虑色、香、味、形，又要考虑菜肴的营养价值。主菜多用海鲜、禽畜做主要原料，采用炸、焗、烘、烤、煮、蒸、烧等方法制作而成，如大虾吉列、法式烧鸡、古巴式煎猪肉、法式烤羊腿等。

（五）奶酪（Cheese）、甜点（Dessert）

吃奶酪要配黄油、面包、克力架（苏打饼）、芹菜条、小萝卜等，调味品用胡椒、盐。吃奶酪时常配葡萄酒（Wine）。

甜点有冷热之分，是宾客的最后一道餐食。常有冰淇淋、布丁、梳芙厘（Souffle）、派（Pie）、啫喱冻（Jelly）、蛋糕、水果等。

五、菜肴与酒水的搭配

在西餐中，菜肴与酒水的搭配有一定的规律。总的来说，色、香、味淡雅的酒应与色调冷、香气雅、口味纯、较清淡的菜肴搭配，如头盘、海鲜应配以白葡萄酒（需冰镇）；香味浓郁的酒应与色调暖、香气浓、口味杂、较难消化的菜肴搭配，如禽类配红葡萄酒。另外，咸食选用干、酸型酒类，甜食选用甜型酒类。在难以确定时，则选用中性酒类。

下面介绍几种较为流行的菜肴与酒水的搭配方法：

（1）餐前酒（又称开胃酒），一般选用具有开胃功能的酒品，如鸡尾酒（Cocktail）和软饮料（Soft Drink）等。

（2）汤类一般不用佐餐酒，如需要可配雪利葡萄酒（Sherry）或白葡萄酒。

（3）头盘大都是些较清淡、易消化的食品，可选用低度、干型的白葡萄酒。

（4）海鲜选用白葡萄酒、玫瑰露酒，在喝前一般需要冰镇。一般来说，红葡萄酒不与海鲜类菜肴相配饮。

（5）肉、禽、野味选用度数为12°～16°的干红葡萄酒。其中，小牛肉、猪肉、鸡肉等白色肉类最好选用度数不太高的干红葡萄酒。牛肉、羊肉、火鸡等红色、味浓、难以消化的肉类，则最好配以度数较高的红葡萄酒。

（6）食用奶酪时一般配较甜的葡萄酒，也可继续使用配主菜的酒，有时也选用波特酒（Port Wine），配蓝芝士（Blue Cheese）或羊奶芝士（Goat Cheese）。

（7）吃甜点时选用甜葡萄酒或葡萄汽酒。

（8）用餐完毕，可选用甜食酒、蒸馏酒和利口酒（Liqueurs）等，也可选用白兰地（Brandy）、爱尔兰咖啡等。香槟酒和玫瑰葡萄酒则在任何时候都可配任何菜肴饮用。

【工作评价】

评价内容	评价方式			评价等级
	自评	小组评价	教师评价	
西餐的概念				
西餐厅的经营特点				
西餐菜单的组成				
西餐的上菜顺序				
西餐菜肴与酒水的搭配				
总评				

【拓展与练习】

1. 拓展项目

项目内容：我来教你吃西餐。

以小组为单位，分别扮演服务人员与客人，讲解西餐菜肴的一般搭配与出菜顺序；根据客人所点菜肴，为客人推荐合适的酒水。

2. 思考与练习

（1）西餐厅经营的特点是什么？

（2）西餐与酒水的搭配原则有哪些？

【任务小结】

通过本任务的学习与实践，使学生了解西餐厅及西餐厅经营的特点，掌握西餐出菜的一般顺序，知道如何正确为客人推荐合适的酒水以与其所点菜肴相配，为胜任西餐厅服务工作奠定扎实的专业基础知识。

任务二　认识西餐服务

【知识预备】

餐饮服务方式是一个地区、一个民族的餐饮在长期的发展过程中逐步形成的饮食侍应习惯，并成为约定俗成、相对固定的形式。西餐服务方式是指西餐厅提供给用餐者的侍应招待方式。西餐的服务方式起源于欧洲贵族家庭和王宫，经过许多年的发展演变，逐渐为社会上的饭店和餐馆所采用。西餐的服务方式按照服务风格分类，有法式服务、俄式服务、英式服务、美式服务、大陆式服务和自助式服务等。

一、法式服务（French Service）

（一）法式服务的特点

法式服务在西餐服务中是最高级别的服务，主要用于法国餐厅（扒房，Grill Room）的零点服务。法式服务注重服务程序和礼貌礼节，服务周到，所有的客人都能得到细心的照顾；注重服务表演，能吸引客人的注意力。但是法式服务节奏缓慢，需要较多的人力，费用较高，餐厅空间利用率和餐位周转率都比较低。

传统的法式服务由两名服务员共同为一桌客人服务，其中一名为经验丰富的正式服务员，另一名是助理服务员。正式服务员用手推车或在餐桌旁现场为客人做一些简单的菜肴烹制表演或提供切割菜肴及装盘服务，助理服务员用右手从客人右侧送上每一道菜。法式餐厅的服务员必须受过专业教育和培训，训练期满再在餐厅实地实习 1～2 年，考核合格后才可成为助理服务员，但是仍无法独立作业，需要与正式服务员一起工作，见习 2～3 年才可升为正式服务员。

法式餐厅装饰豪华高雅，以欧洲宫殿式为特色，餐具常采用高质量的瓷器和银器，酒具常采用水晶杯。在法式服务中，服务台的准备工作也很重要，通常在营业前要做好服务台的一切准备。高雅的就餐环境与高档的设备器具，再配合现场优美的烹饪服务技巧，使得法式服务成为西餐服务中最豪华、最细致、最周到的服务。

（二）法式服务的方式

传统的法式服务相当烦琐。如客人用完一道菜后必须离开餐台，让服务员清扫完毕后再继续入席就餐，这样耗时很多；餐厅还必须准备许多用具，每餐的食品很多，浪费也很大。现在，这种服务方式已经见不到了。

目前，较常见的法式服务方式为：当客人到法式餐厅就餐时，正式服务员先请客人入座，接受客人点菜，然后为客人斟酒、上饮料，在客人面前烹制菜肴，为菜肴调味，分割菜肴，装盘，最后递送账单。助理服务员则将正式服务员开出的菜单送入厨房，将手推车推到客人餐桌旁，帮助正式服务员现场烹调，把装好菜肴的餐盘送到客人面前，并做好撤餐具和收拾餐台的工作。助理服务员用右手从客人右侧送上每一道菜，但面包、黄油和配菜从客人左侧送上，因为它们不属于一道单独的菜肴。

客人点汤后，助理服务员将汤以银盆盛装送入餐厅，把汤置于烹调车上加热。正式服务员从银盆用大汤匙将汤放入客人的汤盅后，再由助理服务员用右手从客人右侧送上餐桌。当助理服务员把热汤送至客人面前时，应将汤盅放在垫盘上。

主菜服务与汤服务大致相同，正式服务员将烹制好的菜肴分别装入每一位客人的餐盘内，然后由助理服务员送至每位客人面前。

当客人购买了龙虾或其他用手拿取的菜肴时，在上菜的同时要上洗手盅。洗手盅通常是银制或玻璃的小碗，放在银制的垫盘上。应将洗手盅放在客人的右侧，以方便客人洗手。

（三）法式服务的优缺点

优点：客人可以得到比较多的个人服务和关照，可以在幽雅的氛围中充分享受服务员的优质服务。

缺点：每位服务员服务的客人人数较少，所需服务空间较大，需要较多的专业服务人员，且服务时间长。

二、俄式服务（Russian Service）

（一）俄式服务的特点

俄式服务，又称国际式服务，是高档西餐宴会普遍采用的一种服务方法。俄式服务起源于俄罗斯的贵族和沙皇宫廷之中，并逐渐为欧洲其他国家所采用。俄式服务同法式服务相似，也是一种讲究礼节的豪华服务。与法式服务不同的是，俄式服务虽然采用大量的银质餐具，但服务员的表演较少。

俄式服务讲究优美、文雅的风度，服务员用左手将装有整齐和美观菜肴的大浅盘端至所有的客人面前让其过目，使客人感受到厨师高超的技艺并刺激客人的食欲，然后左手托盘，右手为每一个客人分菜。俄式服务的方式简单快捷，服务时不需要较大的空间，因此效率和餐厅空间的利用率都比较高。俄式服务使用了大量的银器，服务员将菜肴分给每一个客人，使他们都能得到尊重和较周到的服务。俄式服务在大浅盘里分菜，这样可以将没分完的菜肴送回厨房，从而减少不必要的浪费。

俄式服务的银器投资很大，如果使用、保管不当，会影响餐厅的经济效益。俄式服务最大的问题是：最后分到菜肴的客人看到大浅盘中的菜肴所剩无几时，总有一些影响食欲的感觉，因此一般通过最后给主人派菜的方式解决这个问题。此外，零点的客人常点不同品种的菜肴，由于无法将不同的菜肴装在一个大浅盘中服务，故俄式服务不适用于零点服务。

（二）俄式服务的方式

服务员将客人的菜单送入厨房，菜肴在厨房全部制热，每桌的同一道菜肴放在一个大浅盘中，然后服务员将装好菜肴的大浅盘用肩上托的方法送到客人餐桌旁，热菜要盖上盖子。

服务员先用右手按顺时针方向从客人的右侧将餐盘依次放在就餐者面前，注意热菜用热盘，冷菜用冷盘；空餐盘上完之后，服务员回到服务台，将菜肴的盖子打开后，用左手托起放菜的大浅盘，右手拿服务叉和服务匙从客人的左侧派菜；派菜前应向客人展示菜肴，将客人所需的菜肴分夹到客人的餐盘里。传统的派菜从主宾起按逆时针方向进行，而斟酒、斟饮料和撤盘都在客人右侧进行。

在服务过程中应当注意的是：派菜之前，应先向客人介绍盘内的菜肴，使客人有机会欣赏到厨师的手艺，同时装饰漂亮的菜肴也可以增进客人的食欲；分派菜肴时，服务员应灵活掌握其数量，分派的数量应符合客人的需要，剩余的菜肴应退还给厨房；上汤时，用托盘将汤送入餐厅，放在客人面前；汤可以放在大银汤盆中用勺舀入客人的汤盆里，也可以盛在银杯中，再从杯内倒入汤盆中。

（三）俄式服务的优缺点

优点：只用一名服务员就可以满足服务的需要，且服务的优质程度不受影响，服务效率提高，服务成本降低。

缺点：需要添置大量的银餐盘；客人选择余地较小，最后一位客人只能从其他客人选剩的食品中挑选菜肴。

三、英式服务（English Service）

（一）英式服务的特点

英式服务又称家庭式服务，是源于英国家庭用餐服务的一种传统服务方式。现在，英式服务也偶尔用于一些特殊的聚餐形式。

（二）英式服务的方式

服务员从厨房将烹制好的菜肴送到餐厅，菜肴一般用大盘盛装，由客人中的主人亲自动手分割并装入宾客的餐盘，服务员把装好盘的菜肴放在餐桌上或依次端送给每一位客人。调味品、沙司和配菜都摆放在餐桌上，由客人自取或相互传递。英式服务家庭的气氛很浓，许多服务工作由客人自己动手，用餐的节奏较缓慢。服务员有时需要帮助主人切割食物，因此，要具有熟练的切割技术和令人满意的装盘造型技巧。

（三）英式服务的优缺点

英式服务的气氛很活跃，也省人力，但节奏较慢，主要适用于家庭宴会，很少在大众化的餐厅里使用。

四、美式服务（American Service）

（一）美式服务的特点

美式服务大约兴起于19世纪初，那时美洲大陆掀起一股移民热潮，来自世界各地的移民纷纷成群结队涌至美洲大陆，因此当时各大港埠餐馆林立，这些餐厅的经营者大部分来自欧洲，而餐厅的服务方式不一，有法式、瑞典式、英式及俄式等多种。后来随着时间的推移，这些服务方式逐渐演变成为一种混合式的服务，即今日的美式服务。

（二）美式服务的方式

在美式服务中，菜肴由厨师在厨房中烹制好后按人数装好盘，服务员用托盘将菜肴从厨房送到餐厅的服务桌上。热菜肴盖上盖子，在客人面前才能打开盖子。传统的美式服务，上菜时服务员在客人左侧，用左手从客人左边送上菜肴；从客人右侧撤掉用过的餐盘和餐具；在客人的右侧斟倒酒水。目前，一些咖啡厅改为服务员用右手从客人的右侧上菜，遵循先女后男的顺序。

（三）美式服务的优缺点

优点：服务时便捷、有效率，1名服务员同时可服务多位客人；不需分菜工作，工作简单容易学习，服务员训练容易。

缺点：缺少分菜及桌边服务，不是一种亲切的服务方式。

五、大陆式服务（Continental Service）

大陆式服务又称综合式服务，是一种融合了法式服务、俄式服务和美式服务的综合服务方式。许多西餐宴会的服务采用这种服务方式。

在大陆式服务过程中，通常采用美式服务方式上开胃菜和沙拉，用俄式服务方式上汤或主菜，用法式服务方式上汤或甜点。不同的餐厅或不同餐别选用的服务方式组合不同，这与餐厅的种类和特色、客人的消费水平、餐厅的销售方式有着密切的关系。

知识链接

西餐服务用车种类

（1）切割车：用来切割大块肉类食品（如烤牛肉、烤猪腿、烤羊腿、烤火鸡等）的专用服务用车。在高档宴会或自助餐服务中用此类切割车进行现场服务，既气派，又能营造气氛，同时还能给人耳目一新的感觉。

（2）甜品车：餐厅用于展示和销售蛋糕等各类甜品的服务用车。各种甜品有序而整齐地摆放在带有玻璃罩的甜品车上，服务时由客人自由选择，服务员当场切割、装盘。

（3）酒水车：餐厅中专门用于陈列和服务各种酒水的服务用车。其形状根据所陈列的酒水品种不同而有所不同，分为普通酒水车和葡萄酒车。

（4）烹制车：现场烹制食品的专用服务用车，车上带有煤气灶和煤气罐，服务时将车直接推近客人的餐桌，将准备好的食品原料进行现场烹制。烹制车根据安装炉头的数量分为单头和双头两种。

【工作评价】

评价内容	评价方式			评价等级
	自评	小组评价	教师评价	
法式服务的特点和方法				
俄式服务的特点和方法				
英式服务的特点和方法				
美式式服务的特点和方法				
大陆式服务的特点和方法				
总评				

【拓展与练习】

1. 拓展项目

项目内容：西餐服务猜猜猜。

收集各种西餐服务方式的有关影视片段，在播放过程中让学生来判断属于何种服务方式。

2. 思考与练习

（1）试比较西餐中各种服务方式的优缺点。

（2）五种不同的西餐服务方式分别适用于什么样的餐饮服务场合？

【任务小结】

通过本任务的学习与实践，使学生了解不同西餐服务方式的特点和要求，了解它们之间的区别及各自的优缺点，并清楚每一种服务方式分别适用于何种服务场合。

任务三　认识西餐礼仪

【知识预备】

由于西餐菜点、用具及服务方式与中餐截然不同，所以西餐的进餐礼仪也有着自己独特的方式与风格。概括来讲，包括坐的礼仪、吃的礼仪、喝的礼仪等。

一、坐的礼仪

西餐的位置排列与中餐有相当大的区别，中餐多使用圆桌，而西餐一般使用长桌。如果男女二人同去餐厅，男士应请女士坐在自己的右边，还得注意不可让她坐在人来人往的过道边。若只有一个靠墙的位置，应请女士就座，男士坐在她的对面。如果是两对夫妻就餐，夫人们应坐在靠墙的位置，先生则坐在各自夫人的对面。如果两位男士陪同一位女士进餐，女士应坐在两位男士的中间。如果两位同性进餐，那么靠墙的位置应让给其中的年长者。

西餐还有个规矩，即每个人入座或离座，均应从座椅的左侧进出（见图1—3—1）。就座时，身体要端正，手肘不要放在桌面上，不可跷足，与餐桌的距离以便于使用餐具为佳。举行正式宴会时，坐席排列按国际惯例：桌次的高低依距离主桌位置的远近而定，右高左低，桌次多时应摆上桌次牌。同一桌上席位的高低也是依距离主人座位的远近而定的。西方习俗是男女交叉安排，即使是夫妻也是如此。

二、西餐餐具使用礼仪

使用刀叉进餐时，从外侧往内侧取用刀叉，左手持叉，右手持刀。切东西时左手持叉

图 1—3—1　坐的礼仪

按住食物，右手持刀将其切成小块，用叉子送入口中。使用刀时，刀刃不可向外。进餐中，放下刀叉时应摆成“八”字形，分别放在餐盘边上；刀刃朝向自己，表示还要继续吃。每吃完一道菜，将刀叉并拢放在盘中。如果是谈话，可以拿着刀叉不需要放下；但若需要做手势，就应放下刀叉，千万不可手持刀叉在空中挥舞。不用刀时，可用右手持叉。进餐中，不要一只手拿刀或叉，而另一只手拿餐巾擦嘴；也不可一只手拿酒杯，另一只手拿叉取菜。在任何时候都不可将刀叉的一端放在餐盘上，另一端放在桌上。刀叉使用方法如图 1—3—2 所示。

图 1—3—2　刀叉使用方法

三、西餐吃的礼仪

（一）吃沙拉的礼仪

吃沙拉只准用叉子，以右手拿叉，叉尖朝上。通常，有一把吃沙拉的专用叉子。如果主菜盘里有蔬菜沙拉做配菜，那么用主菜叉吃即可；如果沙拉放在另外的盘子里，可以用桌上专门的沙拉叉子去吃。如果没有的话，也可用主菜叉。

（二）吃带刺或骨的菜肴的礼仪

吃带有骨头的肉时，应用餐叉将整片肉固定，再用刀尖沿骨头插入，把肉切开，最好是边切边吃。此外，也可以用手拿着吃，这时会附上洗手水，注意洗手时要轻轻地洗。吃鸡时，应先用力将骨头去掉，不能用手拿着吃。吃鱼时不要将鱼翻身，要吃完上层后用刀叉将鱼骨剔掉，再吃下层。当吐鱼刺或骨头时，可轻轻吐在叉上放入盘内。如果盘内只剩余少量菜肴，不要用叉子刮盘底，更不要用手指辅助食用，应以小块面包和叉子辅助食用。

（三）吃面包和面条的礼仪

面包一般掰成小块送入口中，不能拿着整块面包去咬。抹黄油或果酱时也要先将面包掰成小块再抹，抹一块，吃一块。此外，面包也可蘸调味汁食用，只是注意要用叉子叉住已撕成小片的面包来蘸取调味汁，这是雅观的做法。面有很多形状，这里指的是看上去像中国面条的意大利面。吃意大利面时，应用叉子慢慢地卷起面条来，你会发现，如果每次是卷四五根的话，要容易得多了。可以用调羹和叉子一起吃，调羹可以帮助叉子控制滑溜溜的面条。但是意大利人不这样吃，他们只用叉子。

（四）吃水果的礼仪

在许多国家，吃西餐时把水果作为甜点或随甜点一起送上。通常是许多水果混合在一起，做成水果沙拉或水果拼盘。吃水果时不能拿着整个水果去咬，应先用水果刀切成小瓣再去掉皮与核，用叉子叉着吃。吃水果的关键是怎样去掉果核。在没有刀或叉时，应该用两个手指把果核从嘴里轻轻拿出，放在果盘的边上，不能直接从嘴里吐出来。在有刀叉的情况下，应小心地使用刀叉，还须注意不要使水果汁溅出来。

四、西餐喝的礼仪

（一）喝汤的礼仪

喝汤时不要啜，不要舔嘴唇或咂嘴发出声音。如果汤过热，可待稍凉后再吃，不要用嘴吹，也不能端起汤盘直接用嘴喝。喝汤时，用汤匙从里向外舀。汤盘中的汤快喝完时，用左手将汤盘的外侧稍稍翘起，用汤匙舀净即可。喝完汤后，将汤匙留在汤盘中或是放旁边，匙把指向自己。

（二）喝咖啡的礼仪

喝咖啡如果愿意添加牛奶或糖，添加后要用小勺搅拌均匀，然后将小勺放在咖啡垫碟上。喝时应右手拿杯把，左手端杯碟，直接用嘴饮用，不能用小勺一勺一勺地舀着喝。

知识链接

西餐中刀叉摆放的含义

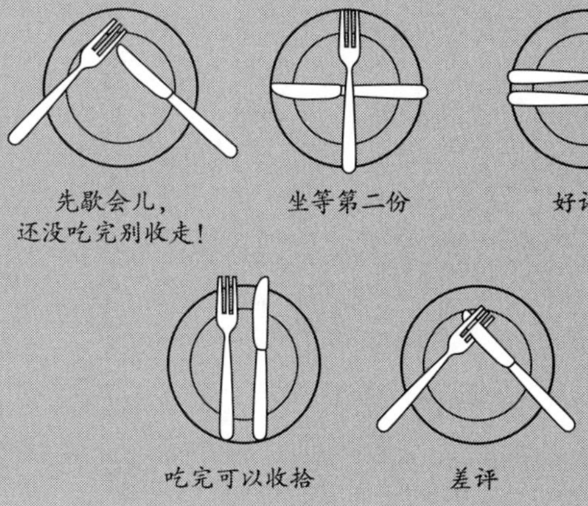

【工作评价】

评价内容	评价方式			评价等级
	自评	小组评价	教师评价	
坐的礼仪				
刀叉使用的礼仪				
喝的礼仪				
总评				

【拓展与练习】

1. 拓展项目

项目内容：你会吃西餐吗？

以工作小组的形式，表演西餐进餐情景剧，其他同学指出错误的做法和吃法。

2. 思考与练习

（1）简述西餐就座礼仪。

（2）简述西餐刀叉的使用方法。

（3）简述西餐中吃面包和面条的礼仪。

【任务小结】

通过本任务的学习与实践，使学生正确掌握西餐就餐过程中坐、吃、喝等方面的礼仪，掌握餐具的正确使用方法，学做绅士、淑女，更重要的是掌握如何为绅士、淑女——我们的顾客提供更加贴心、专业、细致入微的优质服务。

项目二　高端洋气之西餐摆台

学习目标

◎ 了解西餐餐具的历史
◎ 认识并区分西餐各类餐具
◎ 掌握折餐巾花的基础知识
◎ 掌握餐巾花的基本折法及盘花的具体折法
◎ 掌握西餐摆台

任务一 认识餐具

【工作情景】

新一批的员工录用工作已经结束，行知大酒店西餐部将对这批新员工进行上岗前培训，认识西餐餐具是上岗前培训的重要内容。

【知识预备】

西餐餐具是享用西餐时需要的餐用具，其品种繁多，主要有餐刀、叉子、汤匙、餐盘和餐巾等。

西餐的发展历史可谓源远流长。据有关史料记载，早在公元前 5 世纪，在古希腊的西西里岛上就出现了高度发展的烹饪文化，煎、炸、烤、焖、蒸、煮、炙、熏等烹调方法均已出现，技术高超的名厨也受到了社会的尊重。罗马文化受希腊文化的影响，也很重视烹饪文化，厨师的社会地位逐渐上升。当时古罗马的宫廷膳房分工很细，由面包、菜肴、果品、葡萄酒四个专业部分组成，厨师总管的身份与贵族大臣相同。在当时，尽管烹饪文化已经有所发展，但人们的用餐方法仍是以抓食为主，餐桌上的餐具还不完备，餐刀、餐叉、汤匙、餐巾等都没有出现。

刀子和汤匙在史前时代就已出现，早期的制作材料是石头、青铜和木材，之后又有了铁质器具。到中世纪时期，富裕家庭已经开始使用银质餐具（见图 2—1—1、图 2—1—2）。然而，直到文艺复兴时期之前，刀子和汤匙都不是作为餐具来使用，而是在厨房里使用，它们的功能主要是烹调、切割及分配食物，餐桌上人们进食还是以手抓为主。在 15 世纪的礼仪记录中，还建议食用肉食的时候要用三根手指，这样看起来更加优雅。

图 2—1—1 早期银质餐具

图 2—1—2 早期整套银质餐具

一、餐刀

西餐餐桌上的刀、叉、匙都是由厨房用的工具演变而来的。

餐刀很早便在人类的生活中占有重要地位。早在石器时代，人类的祖先就开始用石刀作为工具（见图2—1—3），刀子挂在他们的腰上，可以用来割烤肉，也可以用来御敌防身；只有有地位、有身份的头领，才能有多种不同用途的刀子。15世纪时出现了餐桌公用餐刀，当时许多食物在烹调时都切成大块，在吃的时候再由享用者根据个人的意愿，用公用餐刀把它分切成大小不同的小块。而个人用的餐刀大约出现在17世纪，当时餐刀的顶部并不是我们现在所熟悉的椭圆形，而是有锋利的刀尖，形似匕首，如图2—1—4所示。

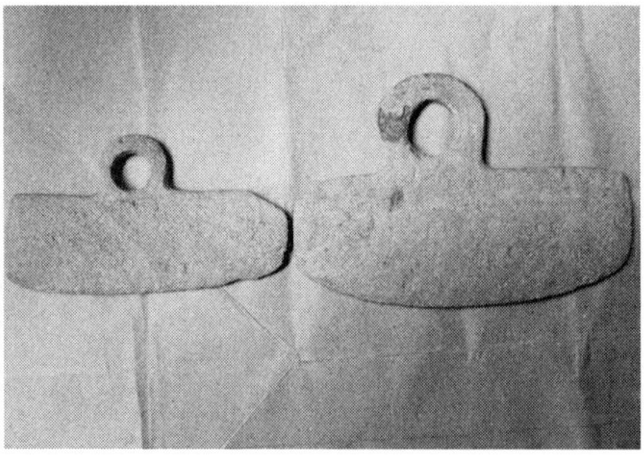

图2—1—3 新石器时代的石刀

图2—1—4 古代餐刀

法国皇帝路易十三在位期间，深谙政治谋略的黎塞留大公不仅对使法国跻身于欧洲主要强国之列作出了贡献，即便是对于一般的生活细节，这位大公也很注意。当时很多法国的官僚政要在用餐之余，喜欢把餐刀当牙签使用，用它来剔牙。黎塞留大公因而命令家中的仆人把餐刀的刀尖磨成椭圆形，不准客人当着他的面用餐刀剔牙。受他影响，法国吹起了一阵将餐刀刀尖磨圆的旋风，于是圆头形餐刀一直沿用到现在。

二、叉子

叉子的出现比刀、匙晚得多。据记载，叉子最早出现在11世纪的意大利塔斯卡地区。11世纪时，威尼斯人在厨房内已经知道使用双齿叉子取出热锅中的食物，这样既安全也可以避免弄脏手。12世纪，英格兰的坎特伯爵大主教把叉子介绍给盎格鲁—撒克逊王国的人民。据说，当时的贵族们并不喜欢用叉子进餐，但却常常把叉子拿在手里，当做决斗的武器。当时大部分欧洲人都喜欢用刀把食物切成块，然后用手指头抓住放进嘴里；如果一个男人用叉子进食，那就表示如果他不是一个挑剔鬼，便是一个娘娘腔。法国梅迪奇皇后（Catherine de Medicis）嫁到法国时就把叉子带入了法国宫廷，不过并没引起注意。她的儿子法王亨利三世（Henri Ⅲ，1551—1589）后来受邀至威尼斯贵族家中用餐时，对餐桌上的双齿叉子感到惊奇，称赞其使用方便，可以避免弄脏衣领——当时流行的是上浆皱褶硬领（非常夸张的圆立领，见图 2—1—5）。不过当时的叉子形状细长，有些类似现在的烤肉叉，一不小心就会刺伤唇舌，其主要用途是把食物叉取到盘中。后来又慢慢发展成四个叉齿的叉子（见图 2—1—6）并渐渐得到法国贵族的喜爱，随后逐渐变成必备的餐具。

图 2—1—5　德济慈公爵像（身着当时那种夸张又繁复的圆立领服装）

图 2—1—6　英国 18 世纪早期 MAPPIN&WEBB 公司银四齿叉子

现在西餐流行全球，西餐餐具也不断推陈出新。目前，开发可以抗菌的西餐餐具成为厂商研发和市场需求的主流，我国的生产企业在这方面也颇有建树。其中，天津石泰集团的朗维品牌系列餐具（见图 2—1—7）就已经全部采用了全材料不锈钢原材料打造，具有持久、优良的抗菌性能，即使磨损也能保持良好的抗菌性能。

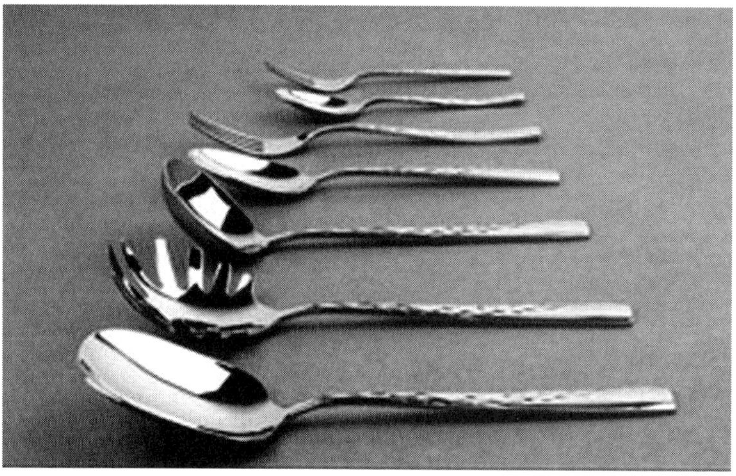

图 2—1—7　天津石泰集团的朗维品牌系列餐具

三、汤匙

汤匙是一种进食用的匙，其最常见的用途为喝汤，因此而得名。

早在旧石器时代，亚洲地区就出现了汤匙。汤匙的制造材料有贝壳、木材、金属、象牙、骨、水晶等。一世纪，罗马人设计了两款汤匙，第一款形似唇舌，匙头呈卵形，匙柄末端附有装饰，通常用来进食汤类和水性食物；第二款称为耳蜗，匙头细而圆，匙柄幼长，通常用来进食有壳的水生动物和鸡蛋。中世纪时期，主人在晚宴上为客人提供木制或角制的汤匙，皇室成员通常使用黄金制成的汤匙，而其他富裕家庭大多数用银制的汤匙。在 14 世纪之前，汤匙有锡制、铜制、白镴制的，亦有由其他金属制成的，其中尤以白镴制的汤匙较实惠，让普通大众也有经济能力采用。此外，古埃及的墓穴中曾经发现过由木、石、象牙、金等材料制成的汤匙。

贝壳汤匙、骨头汤匙、青铜汤匙如图 2—1—8～图 2—1—10 所示。

图 2—1—8　贝壳汤匙

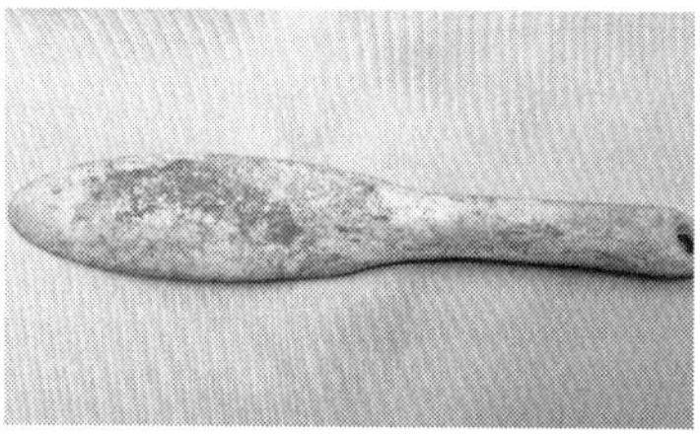

图 2—1—9　骨头汤匙

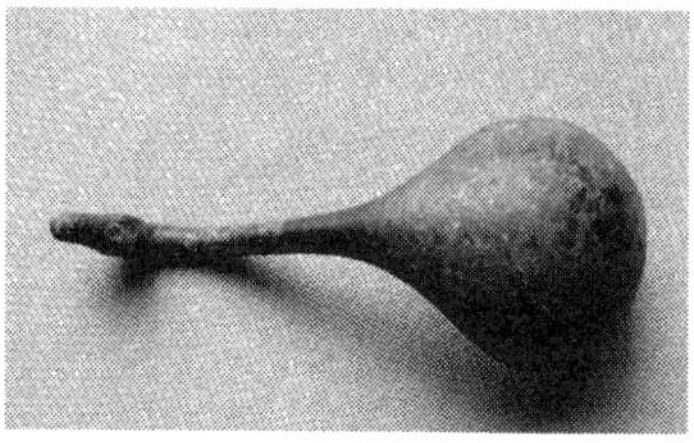

图 2—1—10　青铜汤匙

现在，汤匙也不断出现新的品种。新型汤匙（见图 2—1—11），是一种进餐时既可防止滑入碗中，又容易从桌上拿起的汤匙。新型汤匙将汤匙柄部回折做成一个弯钩，进餐时汤匙的弯钩部分挂在碗的边沿，避免汤匙滑入碗中；弯钩的尾端有一翘起部分，汤匙放在桌上时由于上支撑作用，使其柄部离开桌面，容易从桌上拿起。

图 2—1—11　新型汤匙

知识链接

汤匙在烹调上也可作为一种度量容量的工具。不同国家有关汤匙的标准并不一样，但通常约为 15 毫升。在美国，传统上 1 美制汤匙等于 0.5 美制液体盎司（14.8 毫升），或者 3 美制茶匙。加拿大、新西兰及英国将 1 汤匙定为等于 20 毫升。但传统上的英制汤匙，1 汤匙可等于 0.5～0.625 英制液体盎司（14.2～17.8 毫升）。

温度汤匙（见图 2—1—12）是一种实用的新型生活用品，以其独特创新的理念、新颖别致的设计、具有人文关怀的安全性和老少皆宜的实用性而获得国家专利。

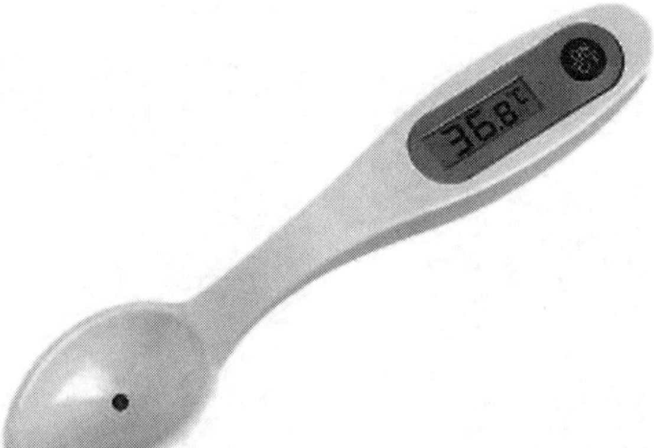

图 2—1—12　温度汤匙

四、餐盘

餐盘是一种敞口、扁浅的盛物器皿，外形似碟。用餐盘盛菜时，夹菜比较方便，散热也比较好。

在餐盘的发展史中，有许多美丽的传说。其中之一就是“子路奉盘说”。孔子的弟子众多，一次弟子集会，天南海北的弟子都回来向孔子报道，同时也带回各地有名的水果。很多弟子都以手捧水果送给孔子，子路看见后长叹一声，随后找到一木制板子用来盛其带回的水果，送给孔子后得到了孔子的称赞。随后，此事在乡间传开，慢慢地就有了盛水果的专用器皿。

早期的餐盘有陶质的（见图 2—1—13）、金属的（见图 2—1—14）和木质材料的。在新石器时代，人们用粗制的陶质钵、碗、盘、盆作为餐具。随着社会的发展，风姿各异的瓷质餐具逐步取代了陶质餐具，出现了唐代的邢窑白瓷和越窑青瓷，宋代北方的定窑刻花印花白瓷、官窑纹片青釉细瓷、钧窑黑釉白花斑瓷、海棠红瓷和独树一帜的汝窑瓷、耀州瓷、磁州瓷，宋代南方的越窑和龙泉窑刻花印花青瓷、景德镇窑影青瓷、哥窑水裂纹黑胎青瓷等。其中，青花瓷（见图 2—1—15）一直被当做高级餐具使用；1949 年后国宴上使用的“建国瓷”，就是在青花瓷的基础上改进的。

图 2—1—13　彩陶钵绘鸟纹盘

图 2—1—14　早期金属盘子

图 2—1—15　青花瓷盘子

五、餐巾

餐巾也有很深的历史渊源。早期，希腊人和罗马人一直保持用手指进食的习惯，所以在用餐完毕后要用一条毛巾大小的餐巾来擦手。更讲究一点的，则在擦完手之后捧出洗指钵来洗手，洗指钵里除了盛着水之外，还漂着玫瑰的花瓣；埃及人则在钵里放上杏仁、肉桂和桔花。餐巾发展到 17 世纪，除了其实用意义之外，更注重观赏性。到 17 世纪，意大利已有二十多种餐巾的折法，如小鸡、鲤鱼、乌龟、公牛、熊、兔子等形状。

在使用餐巾时需要注意以下几点：（1）进餐时，大餐巾可折起（一般对折），折口向外平铺在腿上，小餐巾可展开直接铺在腿上，不可将餐巾挂在胸前（但在空间不大的地方，如飞机上可以如此）。（2）拭嘴时需用餐巾的上端，并用其内侧来擦嘴，不可用餐巾来擦脸部或擦刀叉、碗碟等。（3）现在一般不用把餐巾压在餐盘底下进餐的这种用法，因为这样容易不小心带动餐巾从而使餐盘滑落。

【工作过程】

一、认识银器类餐具（Silverware）

（1）咖啡壶（Coffee Pot）：可将咖啡保温半小时，每个咖啡壶大约可倒 8～9 杯，如图 2—1—16 所示。

图 2—1—16　银质咖啡壶

（2）洗手盅（Finger Bowl）：使用时将水盛 6 分满即可，并在洗手盅里放两片柠檬片或一些花瓣，如图 2—1—17 所示。

图 2—1—17　银质洗手盅

（3）田螺盘（Snail Plate）：专门用来放置田螺的银盘，上有 6 个小孔。为了使田螺放在上面不易滑动，盘中有圆凹洞的特殊设计，以平稳放置带壳的田螺，如图 2—1—18 所示。

图 2—1—18　银质田螺盘

（4）面包篮（Bread Basket）：用于盛装各式面包，如图 2—1—19 所示。

图 2—1—19　银质面包篮

（5）红酒篮（Red Wine Basket）：用于服务红葡萄酒时使用，如图 2—1—20 所示。

图 2—1—20　银质红酒篮

（6）汁船（Sauce Boat）：用于盛装各式调味汁，如图 2—1—21 所示。

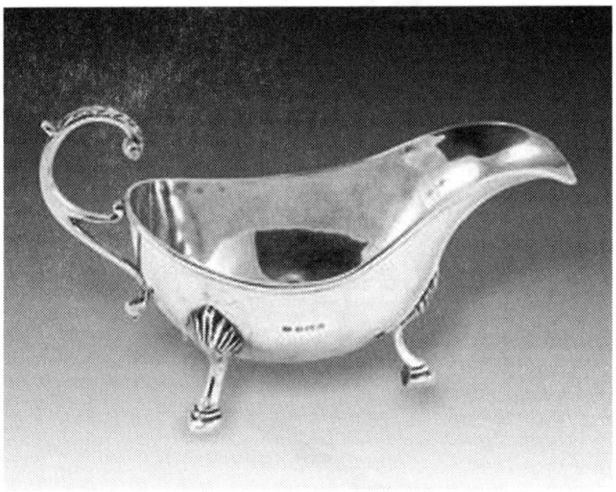

图 2—1—21　银质汁船

二、认识不锈钢类餐具（Flatware）

（一）刀类

（1）正餐刀（Dinner Knife）：主要在食用主菜时使用，如图 2—1—22 所示。

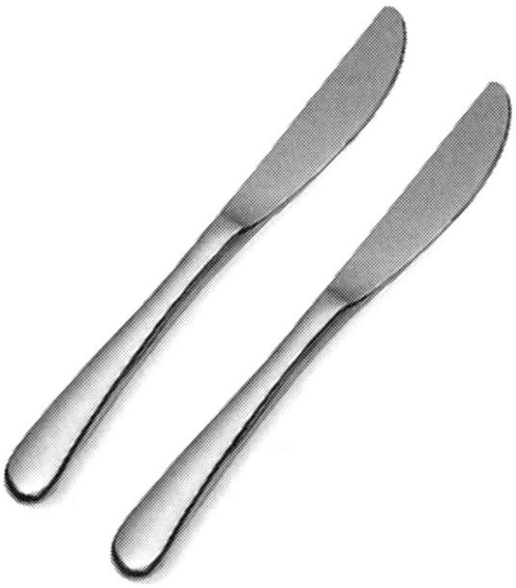

图 2—1—22　不锈钢正餐刀

（2）扒刀（Steak Knife）：主要在食用各类扒类食品时使用，如牛排、羊排等，如图 2—1—23 所示。

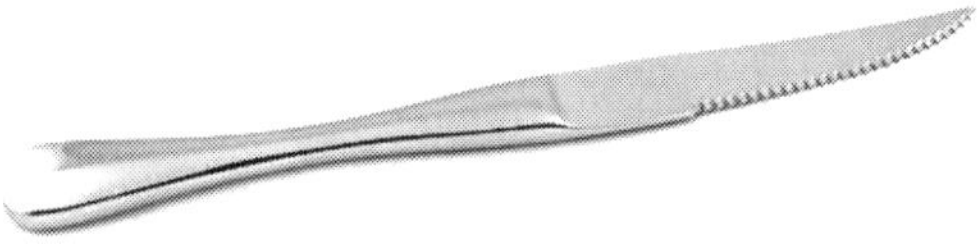

图 2—1—23　不锈钢扒刀

（3）鱼刀（Fish Knife）：专用于所有热的鱼、虾、贝类等菜肴，如图 2—1—24 所示。

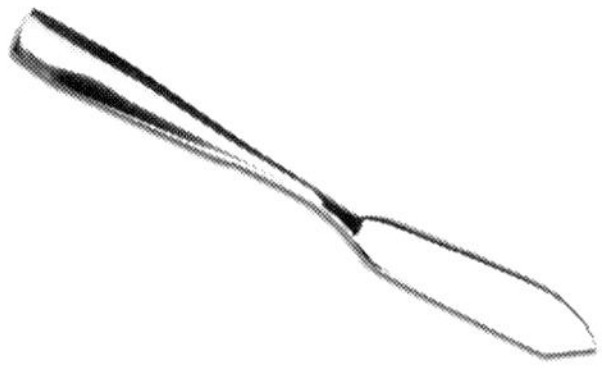

图 2—1—24　不锈钢鱼刀

（4）头盘刀（Appetizer Knife）：主要在食用头盘、沙拉时使用，如图 2—1—25 所示。

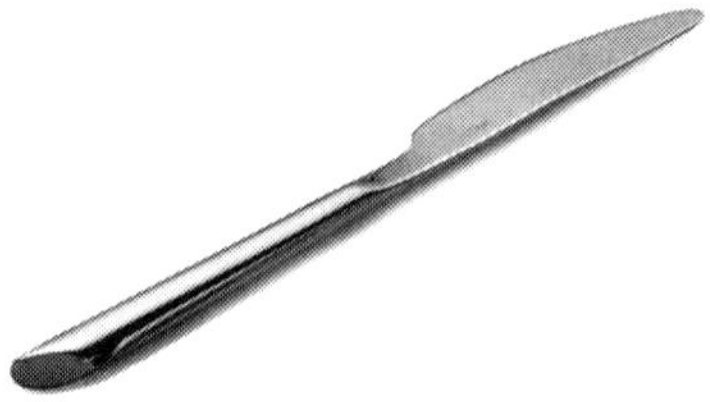

图 2—1—25　不锈钢头盘刀

（5）黄油刀（Butter Knife）：放在面包盘上，供涂抹黄油时用，如图 2—1—26 所示。

（6）甜品刀（Dessert Knife）：主要在食用水果、甜品时使用，如图 2—1—27 所示。

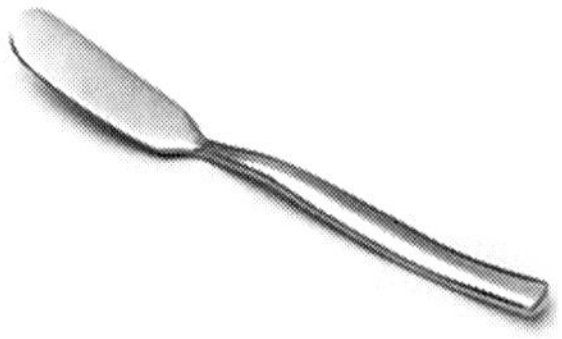

图 2—1—26　不锈钢黄油刀

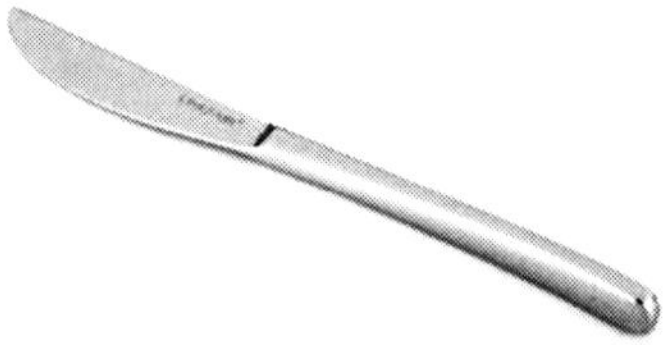

图 2—1—27　不锈钢甜品刀

（二）叉类

（1）正餐叉（Dinner Fork）：在食用主菜时与主餐刀搭配使用，如图 2—1—28 所示。

（2）鱼叉（Fish Fork）：专用于所有热的鱼、虾、贝类等菜肴，以及部分冷的鱼、贝类，如图 2—1—29 所示。

图 2—1—28　不锈钢正餐叉

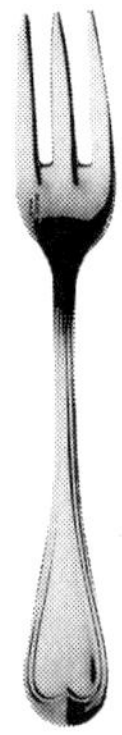

图 2—1—29　不锈钢鱼叉

（3）头盘叉（Appetizer Fork）：主要在食用头盘、沙拉时与头盘刀搭配使用。

（4）甜品叉（Dessert Fork）：在食用开胃菜、水果、沙拉、奶酪及甜品时使用，如图2—1—30所示。

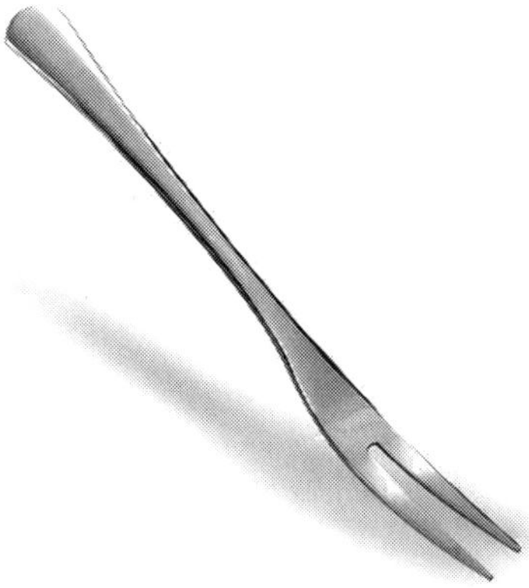

图2—1—30　不锈钢甜品叉

（5）服务叉（Serving Fork）：用于取食大餐盘内的食品，如图2—1—31所示。

图2—1—31　不锈钢服务叉

（三）勺类

（1）汤勺（Soup Spoon）：主要在喝汤时使用，如图2—1—32所示。

图2—1—32　不锈钢汤勺

（2）甜品勺（Dessert Spoon）：在食用意大利面时搭配餐叉一同使用，还可与甜品叉合用于取食甜品，如图2—1—33所示。

图 2—1—33 不锈钢甜品勺

(3) 咖啡勺 (Coffee Spoon)：适用于咖啡、茶、热巧克力、贝类、水果类开胃菜、葡萄柚以及冰激凌等餐点，如图 2—1—34 所示。

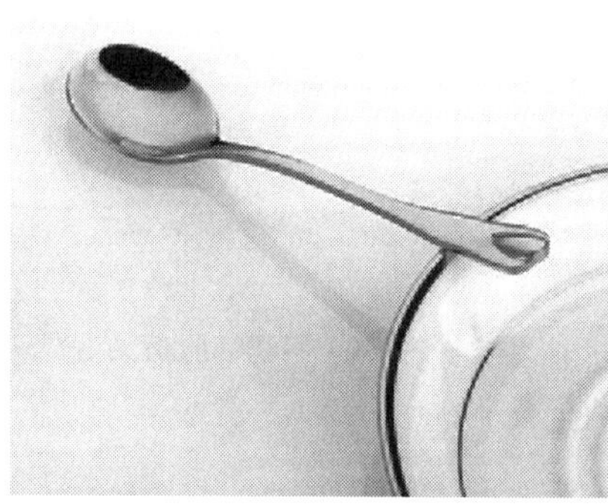

图 2—1—34 不锈钢咖啡勺

(4) 冰激凌勺 (Ice Cream Spoon)：在食用冰激凌时使用，如图 2—1—35 所示。

图 2—1—35 不锈钢冰激凌勺

(5) 服务勺 (Serving Spoon)：用于取食食品时使用，如图 2—1—36 所示。

图 2—1—36 不锈钢服务勺

（四）其他不锈钢餐具

（1）蛋糕夹（Cake Tong）：在取用蛋糕等甜品时使用，如图 2—1—37 所示。

图 2—1—37 不锈钢蛋糕夹

（2）蛋糕铲（Cake Server）：在取用蛋糕等甜品时使用，如图 2—1—38 所示。

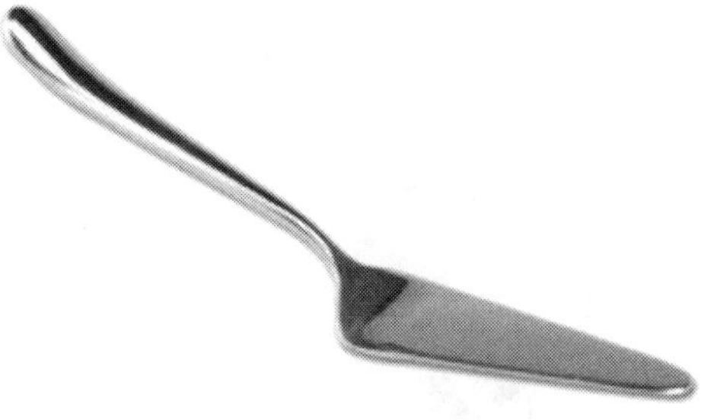

图 2—1—38 不锈钢蛋糕铲

（3）龙虾夹（Lobster Cracker）：在食用龙虾时使用，如图 2—1—39 所示。

（4）龙虾叉（Lobster Fork）：在食用龙虾时使用，如图 2—1—39 所示。

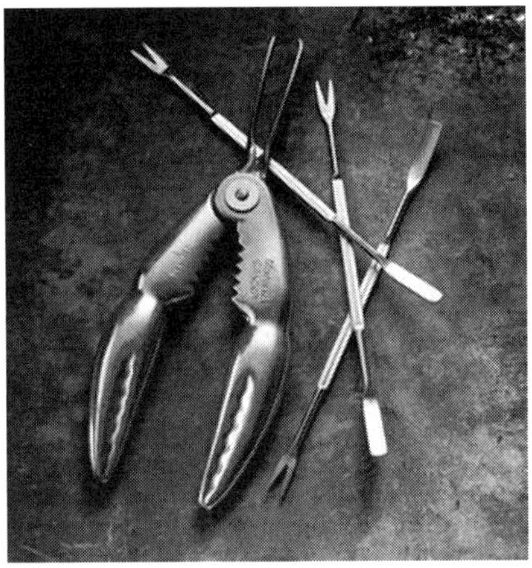

图 2—1—39　不锈钢龙虾夹、龙虾叉

（5）牡蛎刀（Oyster Knife）：在食用牡蛎时使用，如图 2—1—40 所示。

（6）牡蛎叉（Oyster Fork）：在食用牡蛎时使用，如图 2—1—41 所示。

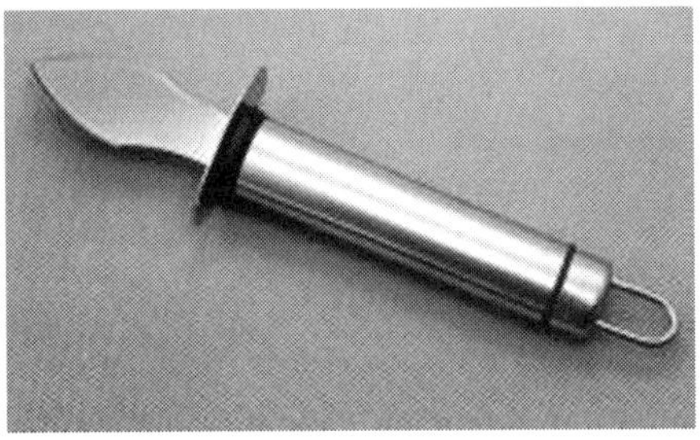

图 2—1—40　不锈钢牡蛎刀

图 2—1—41　不锈钢牡蛎叉

（7）蜗牛钳（Snail Tong）：在食用蜗牛时使用，如图 2—1—42 所示。

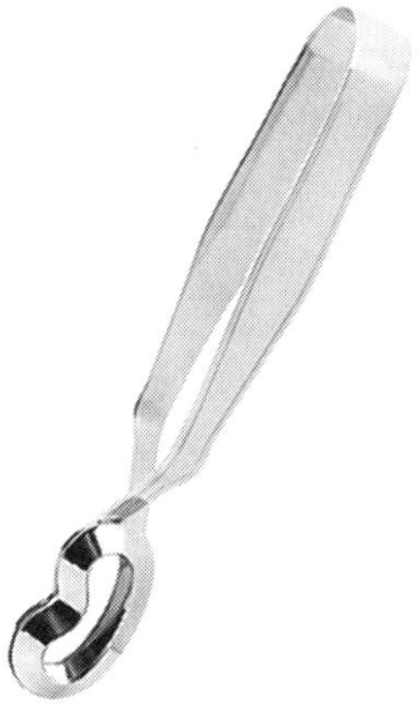

图 2—1—42　不锈钢蜗牛钳

（8）蜗牛叉（Snail Fork）：在食用蜗牛时使用。

（9）柠檬夹（Lemon Cracker）：在食用柠檬时使用，如图 2—1—43 所示。

图 2—1—43　不锈钢柠檬夹

（10）服务夹（Serving Tong）：在取用食品时使用，如图 2—1—44 所示。

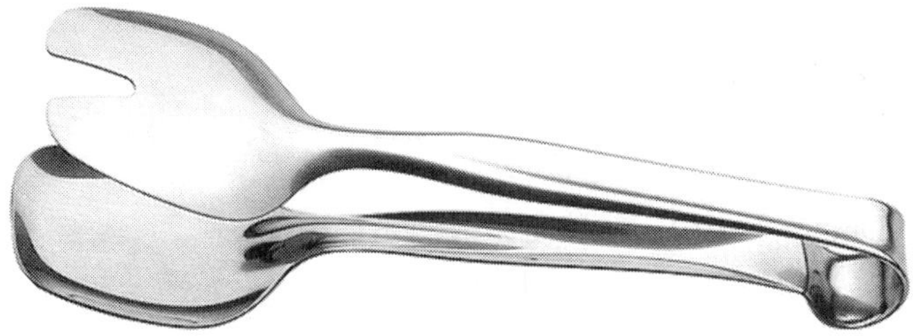

图 2—1—44　不锈钢服务夹

（11）葡萄酒桶（Wine Bucket）：在服务白葡萄酒、香槟酒、葡萄汽酒时使用，如图 2—1—45 所示。

图 2—1—45　不锈钢葡萄酒桶

知识链接

如何选购西餐餐刀

餐刀是西餐餐具的重要组成部分，也是酒店餐具中常用的物品。随着生活水平的提高，人们对餐刀质量的要求越来越高。那么，我们在选购西餐餐刀时应该注意哪些方面的问题呢？

1. 安全性：餐刀表面不可有锐边、缺口、毛刺、尖点、棱角或断裂，除刀齿外其他部位不可有利口。

2. 功能：餐刀表面要求刀口锋利、开齿均匀，以确保客人使用便利。

3. 款式：现代餐刀除了用作餐具外，也可以作为装饰品。餐刀可以做成各种款式，在选购餐刀时，可以根据餐厅内的装饰环境来挑选。

三、认识瓷器类餐具（Chinaware）

（1）装饰盘（Show Plate）：西餐摆台时用于装饰。

（2）主餐盘（Dinner Plate）：盛装主菜时使用。

白瓷装饰盘和主餐盘如图 2—1—46 所示。

图 2—1—46　白瓷装饰盘和主餐盘

（3）鱼盘（Fish Plate）：用于盛装各类鱼、海鲜等食品，如图 2—1—47 所示。

（4）沙拉盘（Salad Plate）：用于盛装各类沙拉，如图 2—1—48 所示。

图 2—1—47　白瓷鱼盘

图 2—1—48　白瓷沙拉盘

（5）甜品盘（Dessert Plate）：用于盛装各类甜品，如图 2—1—49 所示。

图 2—1—49　甜品盘

(6) 双耳汤杯(Soup Cup):用于盛装各类汤品。
(7) 汤杯垫碟(Soup Cup Saucer):用于放置双耳汤杯。
双耳汤杯和汤杯垫碟如图 2—1—50 所示。

图 2—1—50 双耳汤杯和汤杯垫碟

(8) 汤盘(Soup Plate):用于盛装各类汤品。
(9) 面包碟(Bread Plate):用于盛装面包,如图 2—1—51 所示。

图 2—1—51 长椭圆形面包碟

(10) 咖啡杯(Coffee Cup):用于盛装咖啡。
(11) 咖啡碟(Coffer Cup Saucer):用于放置咖啡杯。
咖啡杯、咖啡碟如图 2—1—52 所示。
(12) 特浓咖啡杯(Espresso Cup):用于盛装特浓咖啡。
(13) 特浓咖啡杯托(Espresso Cup Saucer):用于放置特浓咖啡杯。

图 2—1—52　咖啡杯、咖啡碟

（14）奶缸（Milk Jug）：用于盛装服务咖啡及红茶时的牛奶，如图 2—1—53 所示。

图 2—1—53　奶缸

（15）糖缸（Sugar Basin）：用于盛装服务咖啡及红茶时所需的糖，如图 2—1—54 所示。

图 2—1—54　糖缸

（16）英式茶壶（Tea Pot）：盛装英式红茶时使用，如图 2—1—55 所示。

图 2—1—55　英式茶壶

(17) 盐瓶 (Salt Shaker)：用于盛装盐。

(18) 胡椒瓶 (Pepper Shaker)：用于盛装胡椒粉。

盐瓶、胡椒瓶如图 2—1—56 所示。

图 2—1—56　盐瓶、胡椒瓶

(19) 烟灰缸 (Ashtray)：供客人吸烟时用，如图 2—1—57 所示。

图 2—1—57　烟灰缸

(20) 花瓶 (Flower Vase)：用于插放装饰餐桌的鲜花。

（21）麦片碗（Cereal Bowl）：用于盛装麦片粥，如图 2—1—58 所示。

图 2—1—58　麦片碗

（22）水果盘（Fruit Plate）：用于盛装水果。

（23）鸡蛋盅（Egg Cup）：用于盛装整只鸡蛋，如图 2—1—59 所示。

图 2—1—59　鸡蛋盅

四、认识玻璃器皿类餐具（Glassware）

（1）水杯（Goblet）：用于盛装冰水和矿泉水，如图 2—1—60 所示。

图 2—1—60　水杯

(2) 白葡萄酒杯 (White Wine Glass)：高脚杯，杯身细而长，用于盛装白葡萄酒，如图 2—1—61 所示。白葡萄酒杯习惯上要比红葡萄酒杯略小一些，杯脚与杯身之间细颈也较长。因为有些白葡萄酒在饮用时，需要较多晃动才能让浓郁的香气散发，所以白葡萄酒杯的杯身略长，这样在饮用时才能使酒香在温度的爬升中得到最佳释放。

图 2—1—61　白葡萄酒杯

(3) 红葡萄酒杯 (Red Wine Glass)：高脚杯，杯身细而长，用于盛装红葡萄酒，如图 2—1—62 所示。红葡萄酒杯多是杯肚略大，口向内缩，需要一个较大但半封闭的空间。这种杯身设计是为了保留酒的香气。若晃动酒杯，就能使酒香慢慢散发出来。

图 2—1—62　红葡萄酒杯

(4) 香槟杯 (Champagne)：用于盛装香槟酒、葡萄汽酒。香槟酒的特点在于气泡，而气泡的产生需要杯底有一个可让它下沉后反弹的着力点。香槟杯有三种形状，蝶形 (Saucer)、笛形 (Flute) 和郁金香形 (Tulip)。郁金香形的酒杯 (见图 2—1—63) 是最理想的香槟杯，其特点为杯底向下收缩为一个尖点，杯身不会太宽，使气泡不易失散，杯沿则向内收拢。

图 2—1—63　郁金香形香槟杯

（5）甜酒杯（Liqueur Glass）：用于盛装利口酒和餐后甜酒。昂贵的甜酒适合用小酒杯来品尝，而且甜酒多在饭后少量饮用，故甜酒杯不需太大，多设计成比一般高脚杯略小的样式，如图 2—1—64 所示。

（6）海波杯（Highball）：用于盛装各种软饮料及果汁，如图 2—1—65 所示。

图 2—1—64　甜酒杯

图 2—1—65　海波杯

（7）白兰地杯（Snifter）：用于盛装白兰地。白兰地以葡萄酒蒸馏而成，之后盛入硬木桶内经长时间储存才包装出售。要品尝白兰地的真味，须以小口啜饮。所以白兰地杯通常为大肚矮杯，杯口向内缩，以便在饮用时用手掌托杯，以手温酒使香气蕴积在杯中，同时让过多的酒精挥发掉。白兰地杯如图 2—1—66 所示。

图 2—1—66　白兰地杯

(8) 古典杯 (Old Fashioned Glass)：杯身宽而短，用于盛装加冰的烈性酒和古典鸡尾酒。古典杯是过去英国人饮用威士忌及其他蒸馏酒和主饮料的载杯，也常用于盛装鸡尾酒。古典杯壁厚，杯体矮，一般高度不超过 10cm，容量一般为 250ml，如图 2—1—67 所示。

图 2—1—67　古典杯

(9) 鸡尾酒杯 (Cocktail Glass)：用于盛装鸡尾酒。鸡尾酒一般需要冰处理，所以饮用时，就不能用手直接接触杯身，以免手的温度影响酒的风味。鸡尾酒杯底部有细长握柄，上方约呈正三角形或梯形。鸡尾酒杯如图 2—1—68 所示。

图 2—1—68 鸡尾酒杯

(10) 爱尔兰咖啡杯（Irish Coffee Glass）：用于盛装爱尔兰咖啡，如图 2—1—69 所示。

图 2—1—69 爱尔兰咖啡杯

(11) 醒酒瓶（Decanter）：用于服务红葡萄酒，如图 2—1—70 所示。

图 2—1—70 醒酒瓶

（12）雪莉杯（Sherry Glass）：用于盛装雪莉酒，为较小的高脚杯，杯身细而窄。雪莉酒是西班牙特产，属酒精加强型葡萄酒，即在葡萄酒酿制过程的某个阶段中加入了白兰地，颜色呈白色至暗褐色，一般有甜与不甜之分。雪莉酒属烈性酒，所使用的酒杯杯身通常比葡萄酒杯略长，但杯口不向内缩。雪莉杯如图 2—1—71 所示。

图 2—1—71 雪莉杯

（13）波特杯（Port Glass）：用于盛装波特酒，容量较小，形状像红葡萄酒杯，如图2—1—72 所示。

图 2—1—72 波特酒杯

（14）水扎（Water Jug）：用于盛装冰水，如图 2—1—73 所示。

图 2—1—73 水扎

知识链接

餐具消毒方法的选择

1. 煮沸消毒：将洗涤干净的餐具置入沸水中消毒2～5分钟。

2. 蒸汽消毒：将洗涤干净的餐具置入蒸汽柜或箱中，使温度升到100℃，消毒5～10分钟。

3. 烤箱消毒：如红外消毒柜等，温度一般在120℃左右，消毒15～20分钟。

4. 化学消毒：即使用餐具消毒剂进行餐具消毒。

化学消毒的要求：

（1）选用的消毒剂必须是经卫生行政部门批准的餐具消毒剂，不能使用非餐具消毒剂进行餐具消毒；

（2）餐具消毒剂的浓度，必须达到该产品说明书规定的浓度；

（3）将餐具置入消毒液中浸泡10～15分钟，餐具不能露出消毒液的液面；

（4）餐具消毒完毕后应使用流动水清除餐具表面残留的消毒剂，去掉异味；

（5）应随时更新消毒液，不可长时间反复使用。

5. 洗碗机消毒。

使用洗碗机进行餐具洗涤消毒，应注意下列问题：

（1）餐具在洗涤架上的摆放应符合规定，不可乱堆乱放，以免影响洗涤、消毒的效果；

（2）水温控制在80℃左右；

（3）洗涤液、消毒液应临时配制，随时更换；

（4）洗涤、消毒完毕后，应检查餐具的洗涤、消毒效果，达不到卫生要求的，应重新进行洗涤、消毒。

（5）洗碗机应经常检修，使其保持正常的工作状态。

大型或星级宾馆、饭店可采用洗碗机进行餐具消毒；中小型餐厅可采用热力消毒；化学消毒方法比较适合家庭餐具消毒或临时性的餐具消毒。

【工作评价】

评价内容	评价方式			评价等级
	自评	小组评价	教师评价	
了解西餐中餐刀、叉子、汤匙、餐盘的发展历史				
正确认识、区分西餐中的银器类餐具				
正确认识、区分西餐中的不锈钢类餐具				
正确认识、区分西餐中的瓷器类餐具				
正确认识、区分西餐中的玻璃器皿类餐具				
正确区分西餐中的各类酒杯				
总评				

【拓展与练习】

1. 拓展项目

项目内容：辨认西餐餐具比赛。

以小组为单位，组长拿出一部分西餐餐具，由组员分别进行辨认，得分高者代表小组参加小组间的比赛。

2. 思考与练习

（1）简述西餐餐具的发展历程。

（2）西餐餐具和中餐餐具间有什么关系？

【任务小结】

通过本任务的学习与实践，使学生了解西餐餐具的发展历史，并认识常见的西餐餐具。

任务二　折餐巾花

【工作情景】

新一批的员工录用工作已经结束，行知大酒店西餐部将对这批新员工进行上岗前培训。折餐巾花是西餐服务的基本技能之一，而西餐中用到的餐巾花多为盘花。此时，西餐部陈经理正在培训新员折西餐盘花。

【知识预备】

餐巾，又称口布，是客人用餐时的保洁方巾，既是餐厅中常备的一种卫生用品，又是一种装饰、美化餐台的艺术品。

一、餐巾的由来

餐巾（见图 2—2—1）的由来可追溯到古代。在 15 世纪至 16 世纪的英国，因为还没有发明剃须刀，男人们都留着大胡子。当时刀叉也没有发明，男人们用手抓肉进食时就很容易把胡子弄得全是油，他们只得扯起衣襟擦嘴。家庭主妇们见到这种既不卫生又有失大雅的动作后就想了个办法——在男人的脖子下挂块布，这就是最初的餐巾。由于这种大块的餐巾在使用时显得过于累赘，英国伦敦的一名裁缝想出了一个新主意，将餐巾裁成一块块的小方块，使用时很方便，从而逐渐形成了现在宴席上用的餐巾。

餐巾发展到 17 世纪，除了注重实用性外，更注重观赏性，出现多种餐巾的折法，如小鸡、鲤鱼、乌龟、公牛、熊、兔子等形状。

图 2—2—1　餐巾

二、餐巾的作用

餐厅服务员将餐巾折成各式花样，插在酒杯或水杯内，或放置在盘碟内，供客人在进餐过程中使用，客人可用来擦嘴或防止汤汁、酒水弄脏衣物。形状各异的餐巾花摆放在餐台上，既美化了餐台，又增添了庄重热烈的气氛，给人以美的享受。而且不同的餐巾花型，蕴含着不同的宴会主题，会对交流思想感情产生良好的效果。例如：喜宴上的餐巾花可折成比翼双飞（见图 2—2—2）、心心相印的花型，表达永结同心、百年好合的美好祝愿；国宴上的餐巾花可折成喜鹊、友谊花篮（见图 2—2—3）等花型，表示欢快、和平、友好。

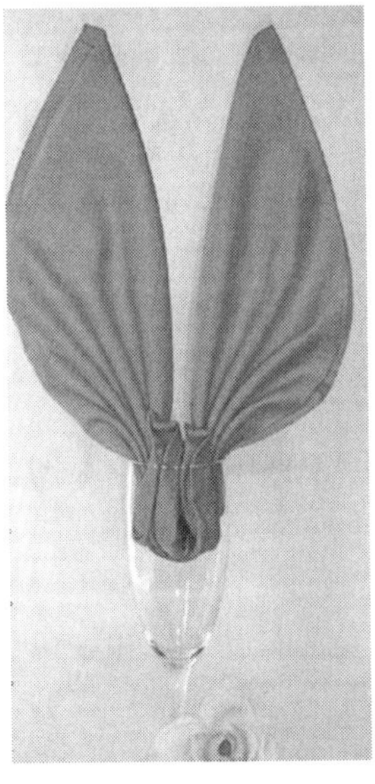

图 2—2—2　杯花比翼双飞

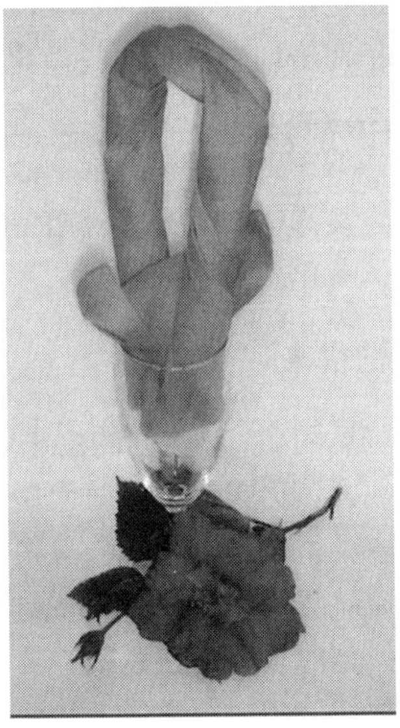

图 2—2—3　杯花友谊花篮

在折餐巾花时应选择好主宾的花型，主宾花型高度应高于其他花型高度，以示尊贵。通过这种方式，也可标出主宾的席位。

三、餐巾的种类

按质地分，餐巾可分为棉织品和化纤织品。棉织品餐巾（见图 2—2—4）吸水性较好，去污力强，造型效果好，但只折叠一次，效果才最佳。化纤织品餐巾（见图 2—2—5）色泽艳丽，富有弹性，如果一次造型不成，可以二次造型，但吸水性差，去污力不如棉织品餐巾。

图 2—2—4　棉织品餐巾

图 2—2—5　化纤织品餐巾

按颜色分，餐巾颜色有白色与彩色两种。白色餐巾给人以清洁卫生、恬静优雅之感，它可以调节人的视觉平衡，安定人的情绪。彩色餐巾可以渲染就餐气氛，如大红、粉红色餐巾给人以庄重、热烈的感觉；橘黄、鹅黄色餐巾给人以高贵典雅的感觉；湖蓝色餐巾在夏天能给人以凉爽、舒适之感。

四、餐巾花的运用

餐巾花花型的选择和运用，一般应根据宴会的性质、规模、规格、来宾的宗教信仰、风俗习惯、宾主座位的安排、台面的摆设需要等方面的因素进行考虑。总体原则是：

（1）根据宴会的性质来选择花型。如以欢迎、答谢等表示友好为目的的宴会餐巾花可设计成友谊花篮、和平鸽（见图 2—2—6）等。

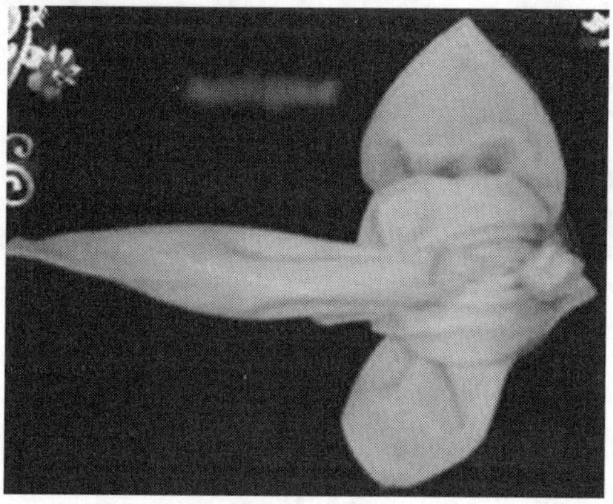

图 2—2—6　和平鸽

（2）根据宴会的规模来选择花型。一般大型宴会可选用简单、快捷、挺拔、美观的花型。小型宴会可以同一桌上使用各种不同的花型，形成既多样又协调的布局。

（3）根据花式冷拼选用与之相配的花型。如冷拼是“游鱼戏水”，餐巾花则可以选用“金鱼”造型，如图2—2—7和图2—2—8所示。

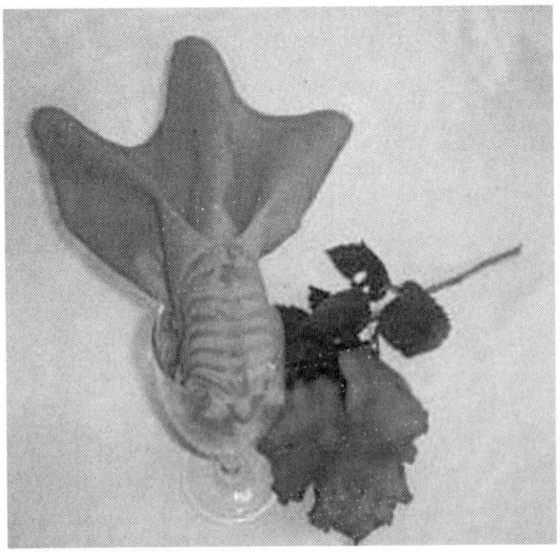

图2—2—7　三尾金鱼

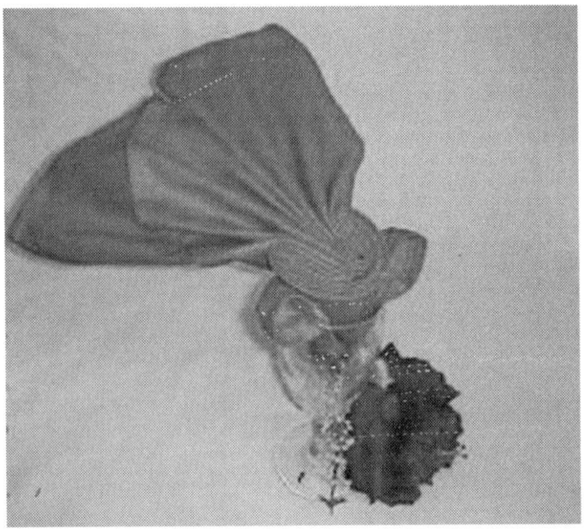

图2—2—8　水泡金鱼

（4）根据时令季节选择花型。用台面上的花型反映季节特色，使之富有时令感。图2—2—9所示为玉兰花。

图2—2—9　玉兰花

（5）根据宾客身份、宗教信仰、风俗习惯和爱好来选择花型。

（6）根据宾主席位的安排来选择花型。宴会主人座位上的餐巾花称为主花，主花要选择美观而醒目的花型，如槐花（见图2—2—10）、牡丹（见图2—2—11），其目的是使宴会的主位更加突出。

图 2—2—10 槐花

图 2—2—11 牡丹

五、餐巾花的摆放

（一）餐巾花摆放的基本要求

餐巾是餐桌上的必备品，餐巾花则是一项艺术创作，它可以烘托宴会的气氛，增添宴会的艺术效果。因此，餐厅服务员要掌握餐巾花摆放的基本要求。

(1) 突出主位。根据主宾席位选择花型。宴会上，主宾席位上的餐巾花被称为主花，主花一般要选择品种名贵、折叠精细、美观醒目的花型，以达到突出主位、尊敬主宾的目的。

(2) 注意协调性。餐巾花的协调性是指无论是大型还是小型宴会，除主位外的餐巾花要高矮一致、大小一致，要把一个台面或一组台面当做一个整体来布置。

当只有一桌的宴会上选用各不相同的花型时，主花要明显。如果选择的花型都是比较矮的，与主花高低相差不能太多。除了主花以外，如果还有高低差别较大的花型，则要以主花为主，其余花型的高度不能超过主花，同时要高矮相间布置，使整个台面整体协调一致，不要将高的花与矮的花摆放在一起。中餐台面中餐巾花的摆放如图 2—2—12 所示。

图 2—2—12 中餐台面中餐巾花的摆放

(二)餐巾花摆放的艺术性

餐巾花在台面上具有抽象性和形象性，要使每个花型都发挥其作用，餐厅服务员就要了解每个花型的最佳观赏位置，在摆放时应注意以下几点：

(1) 主花要摆插在主位。主花摆在主位，一般的餐巾花摆在其他宾客席上，但要高低均匀、错落有致，达到一种视觉艺术美。

(2) 餐巾花将观赏面朝向宾客。摆放餐巾花时，适合正面观赏的，如孔雀开屏、和平鸽等花型，要将正面朝向宾客；适合侧面观赏的，要将最佳观赏面朝向宾客。

(3) 相似花型错开摆放。在一个台面上，摆放不同品种的花型时，形状相似的花型要错开，对称摆放。

(4) 恰当掌握杯内餐巾花的深度。餐巾折成花型后，放入杯内的深度要适中。杯内的部分要折叠整齐、规范。

(5) 摆放距离均匀。各种餐巾花之间的间距要均匀，做到花不遮餐具，不妨碍服务操作。

餐巾花既是餐桌上的一种卫生用品，又是一种艺术品，具有实用和观赏两种属性，餐厅服务员要认真掌握餐巾花的折叠方法，做到技术性和艺术性相结合，达到台面的完美和谐。

(三)餐巾花的发展趋势

(1) 线条简洁、明快、挺括。因为这类花型折叠所需要的时间短、速度快，而且这种花型散开后，餐巾褶皱少，使用方便。

(2) 趋向盘花。因为杯花是用手将花插入杯中，所以折花之前手要严格消毒。用盘花(见图 2—2—13)可减少手握杯的环节，能满足宾客清洁、卫生的心理。

图 2—2—13 盘花星形扇面

【工作过程】

一、折餐巾花的要求

（1）餐巾要干净，熨烫平整，无破损、无穗边。要根据餐厅的具体情况选择餐巾，使之既能点缀台面，方便来宾观赏、使用，又不会遮住餐具和台上用品，且要方便服务员值台操作。

（2）在折花操作前，要洗净双手（不准留长指甲）；操作中不能用嘴咬餐巾，也不要多说话，以防唾沫玷污餐巾。

（3）折花操作时要在干净的工作台或托盘上进行，并准备好辅助工具（筷子）。

（4）折花时，要姿态正确，手法灵活，用力得当；角度要算准，折摺要均匀，力争一次折成；折花要正确使用叠、折（推）、卷、穿、翻、拉、捏、掰八种方法。

（5）折花要简单美观，拆用方便，造型生动，形象逼真。

造型生动、形象逼真的餐巾杯花示例见图 2—2—14。

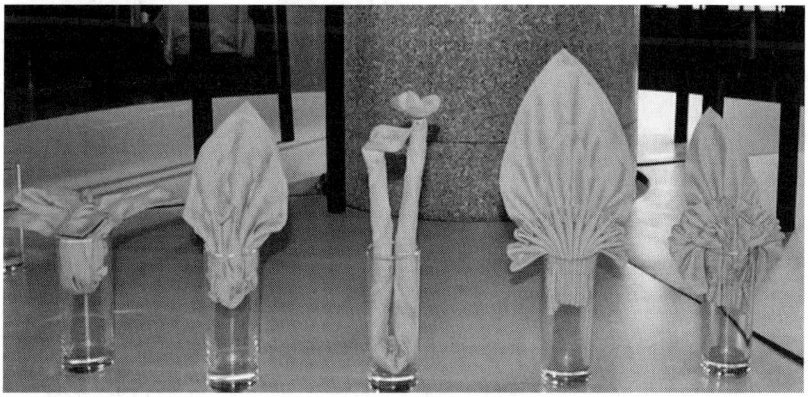

图 2—2—14　造型生动、形象逼真的餐巾杯花

二、折餐巾花的技法

折餐巾花的基本技法有叠、折、卷、穿、翻、拉、捏、掰八种。

（一）叠

叠（见图 2—2—15）是最基本的折餐巾花的手法，几乎所有的造型都要用到，就是将餐巾一折为二、二折为四，或折成三角形、长方形、菱形、梯形、锯齿形等形状。叠有折叠、分叠两种。叠时要熟悉造型，看准角度一次叠成。如有反复，就会在餐巾上留下痕迹，影响挺括度。叠的基本要领是找好角度一次叠成。

（二）折

折（见图 2—2—16）是打褶时运用的一种手法，就是将餐巾叠面折成褶裥的形状，使花型层次丰富、紧凑、美观。打褶时，用双手的拇指和食指分别捏住餐巾两头的第一个褶裥，两个大拇指相对成一线，指面向外；再用两手中指接住餐巾，并控制好下一个褶裥的距离：拇指、食指的指面握紧餐巾向前推折至中指外，用食指将推折的褶裥挡住；中指腾出去控制下一个褶裥的距离，三个手指如此互相配合。推折可分为直线折和斜线折两种方法：两头一样大小的用直线折，一头大、一头小或折半圆形、圆弧形的用斜线折。推折的要领是折出的褶裥均匀整齐。

（三）卷

卷（见图2—2—17）是用大拇指、食指、中指三个手指相互配合，将餐巾卷成圆筒状。卷分直卷和螺旋卷，直卷又有单头卷、双头卷、平头卷。直卷要求餐巾两头一定要卷平。螺旋卷分两种，一种是先将餐巾叠成三角形，餐巾边参差不齐；另一种是将餐巾一头固定，卷另一头，或一头多卷、另一头少卷，使卷筒一头大、一头小。不管是直卷还是螺旋卷，餐巾都要卷得紧凑、挺括，否则会因松软无力、弯曲变形而影响造型。卷的要领是卷紧、卷挺。

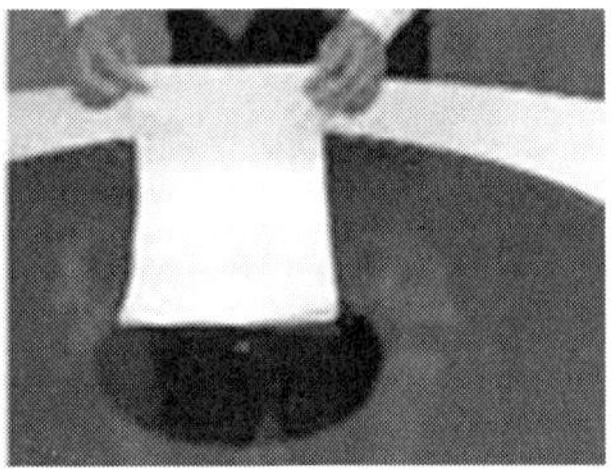

图2—2—15　叠

图2—2—16　折

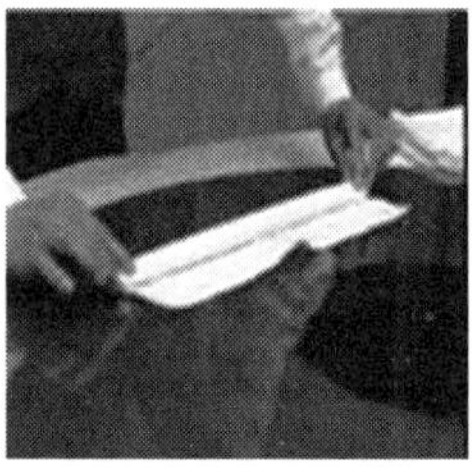

图2—2—17　卷

（四）穿

穿（见图2—2—18）就是将餐巾先折好后攥在左手掌心内，用筷子一头穿进餐巾的褶缝里，然后用右手的大拇指和食指将筷子上的餐巾一点一点向后拨，直至把筷子穿出餐巾为止。穿好后先把餐巾花插入杯子内，然后再把筷子抽掉，否则折花容易松散。根据需要，一般只穿1～2根筷子。穿的要领是穿好的褶裥要平、直、细小、均匀。

（五）翻

翻（见图2—2—19）大都用于折花鸟造型。操作时，一手拿餐巾，另一手将下垂的餐巾翻起一只角，翻成花卉的花叶或鸟的头颈、翅膀、尾等形状。翻花叶时，要注意叶子对称、大小一致、距离相等。翻鸟的翅膀、尾巴或头颈时，一定要翻挺，不要软折。翻的要领是注意大小适宜、自然美观。

（六）拉

拉（见图2—2—19）一般在餐巾花半成型时进行。把半成型的餐巾花攥在左手中，用右手拉出一只角或几只角来。拉的要领是大小比例适当、造型挺括。

（七）捏

捏（见图2—2—20）主要用于折鸟的头部造型。操作时，先将餐巾的一角拉挺做颈部，然后用一只手的大拇指、食指、中指三个指头捏住鸟颈的顶端，食指向下，将巾角尖端向里压下，用中指与拇指将压下的巾角捏出尖嘴状，作为鸟头。捏的要领是棱角分明，头顶角、嘴尖角到位。

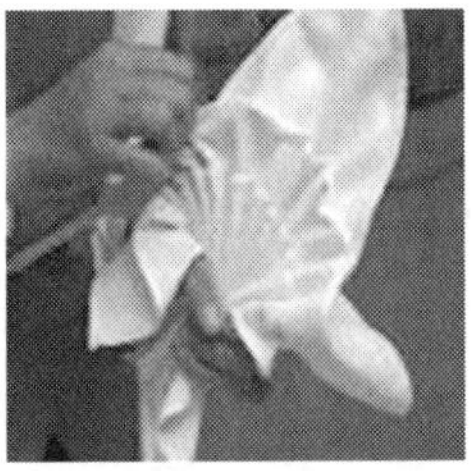
图 2—2—18 穿

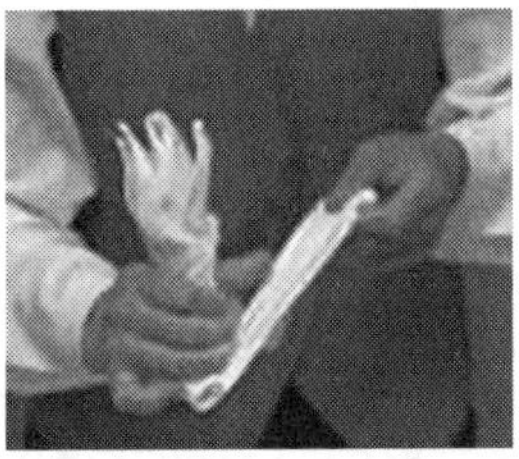
图 2—2—19 翻、拉

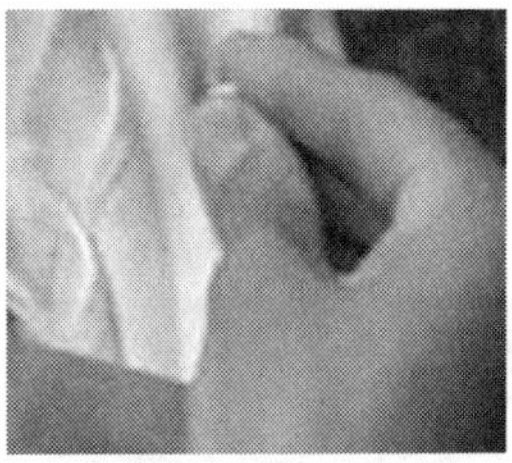
图 2—2—20 捏

（八）掰

掰就是将餐巾做好的褶用左手一层一层掰出层次，成花蕾状。掰时不要用力过大，以免松散。掰的要领是层次分明、间距均匀。

三、学折餐巾盘花

（一）粽子

具体步骤：

（1）将餐巾平铺好，并对角折餐巾，如图 2—2—21、图 2—2—22 所示。

图 2—2—21 将餐巾平铺好

图 2—2—22 对角折餐巾

（2）旋转餐巾，让开口端远离自己，折起右边角与远端角对齐，确保边缘的新褶皱躺到了中心线，如图 2—2—23 所示。

（3）再同样折起左角，创建一个钻石形状，如图 2—2—24 所示。

（4）把餐巾反面，让开口端远离自己，如图 2—2—25 所示。

图 2—2—23 折起右角

图 2—2—24 再折起左角

图 2—2—25 把餐巾反面

（5）把最远的点折回到最近的点，如图 2—2—26 所示。

（6）把餐巾再反一面，这一次使开口端面向自己，如图 2—2—27 所示。

（7）将餐巾沿着中心缝对折挺立成一个整洁、结实的粽子，如图 2—2—28 所示。

图 2—2—26　把最远的点折回到最近的点

图 2—2—27　餐巾再反面

图 2—2—28　餐巾挺立成粽子

（二）单层餐具袋

具体步骤：

（1）把餐巾平铺好，对折餐巾使开口端面向自己，如图 2—2—29、图 2—2—30 所示。

图 2—2—29　将餐巾平铺好

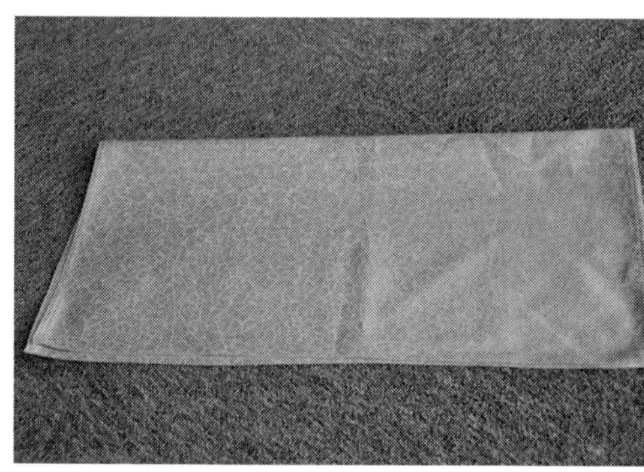

图 2—2—30　对折餐巾

（2）沿中心线对折餐巾，餐巾开口的一边正面放到左边，如图 2—2—31 所示。

（3）最顶层的餐巾折叠一半对角压下来，如图 2—2—32 所示。

图 2—2—31　将餐巾再次对折

图 2—2—32　反下一角

（4）将餐巾反面，并使开口端朝向右边，如图 2—2—33 所示。
（5）右侧背三分之一处折叠过来并按下来，如图 2—2—34 所示。

图 2—2—33　将餐巾反面

图 2—2—34　折叠右边三分之一

（6）左侧背三分之一处也折叠过来，刚好可以插合，如图 2—2—35 所示。
（7）翻转过来后，就可以放入那些闪亮的餐具用品了，如图 2—2—36 所示。

图 2—2—35　折叠左侧背三分之一

图 2—2—36　翻转过来，放入餐具

（三）僧帽

具体步骤：
（1）将四方形的餐布反面朝上平摊开，如图 2—2—37 所示。
（2）将餐巾上下沿着中线对折，呈一个长方形，如图 2—2—38 所示。

图 2—2—37　反面向上平摊

图 2—2—38　对折餐巾

(3) 将餐巾左右对折出一条中线，然后把其中一边往中线处对折出一个三角形，如图 2—2—39 所示。

(4) 将另一边从中线处往反面对折出一个三角形，如图 2—2—40 所示。

图 2—2—39　一边折出三角形

图 2—2—40　反方向折出另一个三角形

(5) 将整体反过来，摆成一个平行四边形，如图 2—2—41 所示。

(6) 将其中的一边沿着中线对折到底边。如图 2—2—42 所示。

图 2—2—41　整体反过来

图 2—2—42　沿着中线对折

(7) 将上面的三角形翻出来，如图 2—2—43 所示。

(8) 将一边沿着三角形的中线往反面对折，将其边角塞到反面的餐巾里，如图 2—2—44 所示。

图 2—2—43　翻出上面三角

图 2—2—44　一边往反向对折

（9）将整体倒过来，如图 2—2—45 所示。

（10）把右边的也沿着三角形的中线对折，将其角塞入右边的餐巾里，如图 2—2—46 所示。

图 2—2—45　将整体倒过来

图 2—2—46　右边对折塞入

（11）捏住两边，用手指在中间把它撑开，如图 2—2—47 所示。

图 2—2—47　中间撑开

（四）衬衫

具体步骤：

（1）将四方形的餐巾平摊开，如图 2—2—48 所示。

（2）将餐巾的四个角对折到中心点，如图 2—2—49 所示。

图 2—2—48　餐巾平摊开

图 2—2—49　四个角对折到中心点

(3) 沿着中线左右对折，如图 2—2—50、图 2—2—51 所示。

图 2—2—50 右边对折

图 2—2—51 左边对折

(4) 反过来，把上端往下翻折 2 个手指的宽度，如图 2—2—52、图 2—2—53 所示。

图 2—2—52 餐巾反过来

图 2—2—53 上端往下翻折 2 个手指的宽度

(5) 再整体反过去，把上面两端的角对折到中线处，如图 2—2—54 所示。

(6) 手指按住中心点，把下端打开呈“八”字形，如图 2—2—55 所示。

图 2—2—54 上面两端的角对折到中线处

图 2—2—55 下端打开呈“八”字形

(7) 将其往上对折到衣领下就可以了，如图 2—2—56 所示。

图 2—2—56　往上对折到衣领下

知识链接

如何根据宾客身份、风俗习惯和爱好来选择餐巾花

女宾：孔雀、鲜花。
儿童：金鱼、小鸟。
美国人：喜欢山茶花。
日本人：喜菊花（皇室花卉），忌荷花（丧花），忌绿色。
意大利人：忌菊花（祸花、淫花）。
法国人：忌仙鹤（蠢汉、淫妇）。
英国人：喜爱蔷薇，忌孔雀（吹牛）。
中国人：喜仙鹤（长寿），忌菊花（丧花）。

【工作评价】

评价内容	评价方式			评价等级
	自评	小组评价	教师评价	
了解餐巾的由来、作用、种类				
掌握折餐巾花的基本技法及餐巾花的摆放艺术				
总评				

【拓展与练习】

1. 拓展项目

项目内容：分组进行餐巾花花型的创作。

在前面所学折餐巾花基本技法的基础上举一反三，进行花型折叠的自主学习及花型的创新设计。每组设计出一款或多款新的餐巾盘花。

2. 思考与练习

（1）简述餐巾的种类及餐巾花的摆放艺术。

（2）反复练习折餐巾花的基本技法，并分组对各种餐巾盘花进行折叠练习。

【任务小结】

通过本任务的学习与实践，使学生了解餐巾盘花的作用与种类，掌握餐巾盘花的摆放艺术，学会折餐巾花的基本技法，为今后在西餐厅工作奠定扎实的基础。

附：折餐巾花评分标准（4分钟4种）

一、折餐巾花仪容仪表评分表

仪表项目	细节要求				满分	扣分	得分
须发（1.5分）	男士	1. 后不盖领	女士	1. 后不过肩	0.5		
		2. 侧不盖耳		2. 前不盖眼	0.5		
		3. 干净、整齐		3. 干净、整齐	0.5		
面部（0.5分）	男士	胡须干净			0.25		
	女士	淡妆			0.25		
手及指甲（1.5分）	1. 干净				0.5		
	2. 指甲修剪齐				0.5		
	3. 不涂指甲油				0.5		
服装（1.5分）	1. 专业服装				0.5		
	2. 干净，无破损、丢扣				0.5		
	3. 熨烫挺括				0.5		
鞋（1.5分）	1. 黑颜色				0.5		
	2. 擦拭光亮				0.5		
	3. 无破损				0.5		
袜子（1.5分）	1. 男深、女浅				0.5		
	2. 干净、不皱				0.5		
	3. 无破损				0.5		
首饰及徽章（1分）	1. 不戴饰物				0.5		
	2. 校牌				0.5		
总体印象（1分）	1. 举止：大方、自然、优雅				0.5		
	2. 礼貌：注重礼节、礼貌，面带微笑				0.5		
总 计					10		

二、折餐巾花评分表

考核项目	应得分	扣分
操作卫生	16	
造型美观	16	
摆放规范	8	
花型名称	8	
基本技法	24	
总体效果	18	
时间（4 分钟） 每提前 30 秒加 1 分	加分	
总成绩		

任务三 西餐摆台

【工作情景】

新一批的员工录用工作已经结束，行知大酒店西餐部将对这批新员工进行上岗前培训。在认识了西餐餐具、学会了盘花制作之后，接下来将培训西餐摆台。西餐摆台是西餐服务的重要技能之一。此时，西餐部陈经理正在培训新员工进行西餐摆台。

【知识预备】

西餐摆台就是对西餐的餐桌、餐具等按规定进行摆设，使之具有一定的美感和格调，并方便客人用餐。法国人在用餐时喜欢讲究格调，正如保罗·夏巴（Paul Chabas，1869—1937）的油画作品《餐桌一角》（见图 2—3—1）中所描绘的那样，法国人对于餐桌的摆设相当注重，餐具、餐杯、餐盘等都有一定的摆法；此外，餐桌用布及装饰也相当讲究。

图 2—3—1 油画《餐桌一角》

西餐摆台的基本要领有以下几点：

（1）摆台前要洗手消毒，搞好个人卫生。

（2）摆台前，应将摆台所用的餐具、酒具进行检查，发现不洁或有破损的要及时更换，保证用品符合干净、光亮、完好的标准。

（3）摆台时，要用托盘盛放餐具、酒具及其他用具。摆放金、银器皿时，应佩戴手套，保证器皿清洁；手拿餐具（如刀、叉）时，要拿其柄部；拿餐盘、面包盘时手不应接触盘面；拿杯具时，手指不能接触盛酒部位。

（4）要注意餐具摆放的顺序，先摆餐盘（装饰盘）定位，后摆各种餐刀、叉、匙，再摆面包盘等，最后摆各种酒杯。西餐摆台一般左叉右刀，先里后外，刀口朝盘，各种餐具成线，餐具与菜肴配套。

（5）餐具摆好后，在餐盘中摆上餐巾花，桌子中间摆上花瓶及胡椒瓶、盐瓶、糖缸、烛台等。最后要全面检查是否有漏项或错摆现象。

【工作过程】

西餐一般使用长方台，有时也使用圆台或者四人小方台。西餐就餐方式实行分餐制，摆台应按照不同的餐别做出不同的摆设。正餐的餐具摆设分为零点餐桌摆台和宴会摆台，其中西餐零点摆台又分为早餐摆台和正餐摆台。

一、早餐摆台

西餐早餐一般是在咖啡厅内提供的，有美式早餐、欧陆式早餐及零点早餐，摆台方法略有差异。

（1）摆台时，先在桌上铺开一块台垫（一块毛毡或泡沫），台垫下垂桌边约 10 厘米，台垫的作用是避免餐具和台面碰撞，台垫也可以固定在桌上，台垫的角可以系住或钉牢。

（2）铺好台垫后再把清洁的台布放在台垫上，台布的中线折缝应落在桌子的中线上，使四周下垂部分的长度一致。在放台布前一定要认真检查，不能把有破损和污点的台布放上去。

（3）台布铺好后就可摆放餐具，餐具可以从宾客的左手边开始。

1）摆面包盘，盘上摆黄油刀，盘边与桌边距离 1 厘米。

2）面包盘的右边摆餐叉，餐叉与面包盘的距离 1 厘米。叉柄端与桌边的距离也是 1 厘米。

3）服务盘摆在餐叉的右边，餐巾折好摆在服务盘上。

4）服务盘的右侧摆餐刀，刀口朝向服务盘。

5）餐刀的前方摆水杯，餐刀的右侧摆咖啡碟，咖啡碟上摆咖啡杯和咖啡勺。

6）咖啡壶、奶缸、糖缸摆在咖啡杯的上方。盐瓶、胡椒瓶及烟灰缸放在餐台靠中心位置上。

常见的西餐早餐摆台如图 2—3—2 所示。

图 2—3—2 西餐早餐摆台

二、正餐摆台

午餐、晚餐一般使用小方台、小圆台或长方台，摆放餐具的方法是：

（1）服务盘放在正中，对准椅中线（圆桌则按顺时针方向按人数等距离定位摆盘）。

（2）餐巾叠好放在服务盘内。

（3）餐叉放在服务盘的左边，叉尖朝上。

（4）餐刀和汤勺放在服务盘的右边且匙口朝上，甜点餐具横放在服务盘的上方。

（5）面包盘放在餐叉的左边，黄油刀竖放在面包盘上，其刀口向内。

（6）水杯放在餐刀一侧。

（7）烟灰缸放在服务盘的正上方，胡椒瓶、盐瓶放在烟灰缸的左侧，牙签桶放在胡椒瓶的左边，花瓶放在烟灰缸的上方。

西餐正餐摆台如图 2—3—3 所示。

图 2—3—3 西餐正餐摆台

午餐、晚餐中多有一餐为正餐，由于世界各国情况不同，所以西餐正餐摆台方法也有差异。我们多用国际式正餐摆台和法式正餐摆台。

三、西餐宴会摆台

西餐宴会是一种按西方国家礼节、习俗举办的宴请。西餐宴会摆台正式、规范，菜品丰富，服务讲究程序和规范，讲究食品与酒水的搭配，有较高的礼仪要求，注重就餐的环境和氛围。

西餐宴会摆台如图 2—3—4 所示，具体内容详见“项目四　典雅华丽之宴会服务”。

图 2—3—4　西餐宴会摆台

知识链接

不同服务方式的西餐宴会摆台

西餐服务方式按照不同的国家可以分为多种，比较流行的服务方式有美式服务、英式服务、法式服务等。采用不同的服务方式，摆台也有差异，下面我们分别简单介绍一下。

(1) 美式服务摆台。

在座位的正前方，离桌边约 2 厘米处摆放餐盘，盘上放餐巾花；在餐巾左侧摆放餐叉和沙拉叉，叉齿向上，叉柄距桌边 2 厘米；在餐巾右侧摆放餐刀，刀口向左，接着摆放汤匙，再摆放咖啡匙，刀柄及匙柄距桌边约 2 厘米；在餐叉前面摆放面包盘；在面包盘上右侧摆放一把黄油刀，刀身与桌边平行；以餐刀刀尖为基准摆放水杯或者酒杯，杯口先向下倒扣摆放；摆放糖缸、胡椒瓶、盐瓶或者烟灰缸等。

(2) 英式服务摆台。

在座位的正前方桌边 2 厘米处摆放餐盘，盘上放餐巾花；在餐巾左侧摆放餐叉及鱼叉，叉齿向上，叉柄距桌边 2 厘米；甜品匙及汤匙依次摆放在鱼叉右侧，匙柄距离桌边约

2厘米；在餐巾左上方摆放面包盘；在面包盘上右侧摆放一把黄油刀，刀身与餐刀平行；水杯及酒杯摆放在汤匙上方，杯口向上。

（3）法式服务摆台。

在座位正前方距离桌边约2厘米处摆放餐盘，餐盘上放置餐巾花；在餐盘的左侧摆放餐叉和沙拉叉，叉齿向上，叉柄距离桌边约2厘米；在餐盘的右侧摆放餐刀，刀口向左，刀柄距离桌边约2厘米；在餐刀右侧摆放汤匙，匙柄距离桌边约2厘米；将面包盘放在沙拉叉的左侧，盘上右侧摆放一把黄油刀，与餐刀平行；在餐盘正前方摆放甜品匙及甜品叉，匙在上方，匙柄向右，叉在下方，叉柄向左；以餐刀刀尖为基准摆放红酒杯，红酒杯的右下方摆放白酒杯，左上方摆放水杯，杯口向上摆放；摆放糖缸、胡椒瓶、盐瓶。

【工作评价】

评价内容	评价方式			评价等级
	自评	小组评价	教师评价	
西餐摆台的基本要领				
早餐摆台				
正餐摆台				
西餐宴会摆台				
总评				

【拓展与练习】

1. 拓展项目

项目内容：召开西餐班前会。

开餐前30分钟，由餐厅经理或主管主持召开班前会。以小组为单位，分别扮演服务员与主管的角色，各组开始餐前准备工作，包括环境准备、物品准备、西餐摆台等。10人为一组，每次1人扮演主管，召开班前会。

2. 思考与练习

（1）西餐摆台有哪些要则？

（2）分组练习西餐早餐、正餐的摆台方法。

【任务小结】

通过本任务的学习与实践，使学生了解西餐摆台的要则，掌握西餐早餐、正餐的摆台方法，为今后在西餐厅工作奠定扎实的专业知识和技能基础。

附：西餐宴会摆台

一、西餐宴会摆台仪表仪容要求

（1）头发：干净整洁，不染发，男士头发后不盖领、侧不盖耳；女士头发后不过肩、前不盖眉。

（2）面容：清洁，男士不留胡子，女士化淡妆。

（3）手、指甲：手干净，指甲修剪整齐，指甲沟深不超过 2 毫米，不涂指甲油。

（4）服装：着本岗位工作服，服装干净、熨烫挺括，纽扣齐全，无破损，无污迹；不得将衣袖、裤脚卷起。

（5）鞋袜：黑色皮鞋或布鞋。男士穿深色的袜子，女士穿肉色丝袜，干净无破损。

（6）首饰：不得佩戴除手表外的其他饰物。

二、西餐宴会摆台台面部分评分细则

项目	项目评分细则	分值	扣分	得分
台布（5 分）	台布中凸线向上，两块台布中凸线对齐	1		
	两块台布面重叠 10 厘米	1		
	主人位方向台布交叠在副主人位方向台布上	1		
	台布四边下垂均等	1		
	铺设操作最多四次整理成形	1		
席椅定位（3.6 分）	摆设操作从席椅正后方进行	0.6（每把 0.1）		
	从主人位开始按顺时针方向摆设	0.6（每把 0.1）		
	席椅之间距离基本相等	0.6（每把 0.1）		
	相对席椅的椅背中心对准	0.6（每把 0.1）		
	席椅边沿与下垂台布相距 1 厘米	1.2（每把 0.2）		
装饰盘（7.5 分）	从主人位开始顺时针方向摆设	1.5（每个 0.25）		
	盘边距离桌边 1 厘米	1.5（每个 0.25）		
	装饰盘中心与餐位中心对准	1.5（每个 0.25）		
	盘与盘之间距离均等	1.5（每个 0.25）		
	手持盘沿右侧操作	1.5（每个 0.25）		
刀、叉、勺（10.8 分）	刀、勺、叉由内向外摆放，距桌边距离符合标准	5.4（每件 0.1）		
	刀、勺、叉之间及与其他餐具间距离符合标准	5.4（每件 0.1）		

续前表

项　目	项目评分细则	分值	扣分	得分
面包盘、黄油刀、黄油碟（4.8分）	摆放顺序：面包盘、黄油刀、黄油碟	1.8（每件0.1）		
	面包盘盘边距开胃品叉1厘米	0.6（每件0.1）		
	面包盘中心与装饰盘中心对齐	0.6（每件0.1）		
	黄油刀置于面包盘右侧边沿1/3处	0.6（每件0.1）		
	黄油碟摆放在黄油刀尖正上方，相距3厘米	0.6（每件0.1）		
	黄油碟左侧边沿与面包盘中心成直线	0.6（每件0.1）		
杯具（10.8分）	摆放顺序：白葡萄酒杯、红葡萄酒杯、水杯（白葡萄酒杯摆在开胃品刀的正上方，杯底中心在开胃品刀的中心线上，杯底距开胃品刀尖2厘米）	1.8（每个0.1）		
	三杯成斜直线，向右与水平线呈45°	6（每组1分）		
	各杯身之间相距约1厘米	1.2（每个0.1）		
	操作时手持杯中下部或颈部	1.8（每个0.1）		
花瓶（花坛或其他装饰物）（3分）	花瓶（花坛或其他装饰物）置于餐桌中央和台布中线上	2		
	花瓶（花坛或其他装饰物）的高度不超过30厘米	1		
烛台（3分）	烛台与花瓶（花坛或其他装饰物）相距20厘米	1（每座0.5）		
	烛台底座中心压台布中凸线	1（每座0.5）		
	两个烛台方向一致，并与杯具所呈直线平行	1（每座0.5）		
牙签盅（1.5分）	牙签盅与烛台相距10厘米	1（每个0.5）		
	牙签盅中心压在台布中凸线上	0.5（每个0.25）		
胡椒瓶、盐瓶（3分）	胡椒瓶、盐瓶与牙签盅相距2厘米	1（每组0.5）		
	胡椒瓶、盐瓶两瓶间距1厘米，左椒右盐	1（每组0.5）		
	胡椒瓶、盐瓶间距中心对准台布中凸线	1（每组0.5）		
餐巾盘花（4分）	在装饰盘上褶，在盘中摆放一致，左右成一条线	2		
	造型美观、大小一致，突出正副主人	2		
托盘使用（2分）	餐具分类按序摆放，符合科学操作	1		
	杯具在托盘中杯口朝上	1		
综合印象（16分）	台席中心美化新颖、主题灵活	5		
	布件颜色协调、美观	4		
	整体设计高雅、华贵	4		
	操作过程中动作规范、娴熟、敏捷、声轻，姿态优美，能体现岗位气质	3		
合　计		75		

项目三　浪漫温馨之零点服务

学习目标

◎ 熟悉咖啡厅常见的几种早餐零点套餐的内容
◎ 熟练掌握咖啡厅早餐零点点菜以及基本的服务流程
◎ 熟悉扒房菜单的内容
◎ 熟悉扒房服务的基本流程
◎ 了解客房送餐的特点
◎ 掌握客房送餐摆台标准
◎ 熟悉客房送餐的服务流程

任务一　咖啡厅服务

【工作情景】

早上6:30分，××咖啡厅来了两位客人用早餐。早餐房态显示该房间不含免费自助早餐，因此这两位客人表示早餐用零点。我们该如何给零点客人点餐以及提供服务呢?

【知识预备】

一、早餐服务分类

常见的早餐有自助早餐、美式早餐、欧陆式早餐和中式早餐，下面介绍一下这几种早餐的服务要点。

(1) 自助早餐：由客人自行到自助餐台取所需饮品、食物，服务员应及时询问客人需求并服务客人咖啡或茶。

(2) 美式早餐：

1) 询问客人是否需要咖啡或茶;

2) 需要的果汁品种;

3) 对各种谷物的选择;

4) 询问鲜蛋的做法，是否伴烟肉、火腿或香肠;

5) 让客人选择各款面包或多士配果酱或牛油。

(3) 欧陆式早餐：

1) 询问客人是否需要咖啡或茶;

2) 需要的果汁品种;

3) 让客人选择各款面包或多士配果酱或牛油。

(4) 中式早餐：

1) 询问客人是否需要咖啡或茶;

2) 对粥和中式点心的选择。

二、早餐套餐内容

(一) 欧陆式早餐 (Continental Breakfast)

(1) 精选冻果汁：橙汁、番茄汁、柠檬汁 (Your Choice of Chilled Juices: Orange, Tomato, Lemon)。

(2) 水果沙拉 (Fresh Fruit Salad)。

(3) 丹麦包、牛角包或多士配牛油、果酱或蜂蜜 (Danish Pastries, Croissants or Toast with Butter, Marmalade Jam or Honey)。

（4）咖啡或茶（Coffee or Tea）。

欧陆式早餐摆台标准如图 3—1—1 所示。

图 3—1—1　欧陆式早餐摆台标准

（二）美式早餐（American Breakfast）

（1）精选冻果汁：橙汁、番茄汁、柠檬汁（Your Choice of Chilled Juices：Orange，Tomato，Lemon）。

（2）水果沙拉（Fresh Fruit Salad）。

（3）丹麦包、牛角包或多士配牛油、果酱或蜂蜜（Danish Pastries，Croissants or Toast with Butter，Marmalade Jam or Honey）。

（4）精选蛋类（Eggs Selection）。

（5）焓、煎、炒、煮、拌烟肉、火腿或香肠（Boiled，Fried，Scrambled or Poached with Bacon，Ham or Sausage）。

（6）咖啡或茶（Coffee or Tea）。

美式早餐摆台标准如图 3—1—2 所示。

图 3—1—2　美式早餐摆台标准

（三）中式早餐（Chinese Breakfast）

（1）粥品精选（Chinese Rice Congee）。

（2）猪肉、鸡肉或牛肉（Pork，Chicken or Beef）。

（3）豉油王炒面（Fried Noodles with Soy Sauce）。

（4）鲜果（Fresh Fruits）。

（5）中国茶（Chinese Tea）。

中式早餐摆台标准如图 3—1—3 所示。

图 3—1—3 中式早餐摆台标准

【工作过程】

一、客人抵达餐厅/带位

（1）客人抵达餐厅后应主动问候客人并询问客人房间号。

例如：早上好，欢迎光临帕西菲嘉，请问您的房间号是多少？（Good morning. Welcome to Pacifica. May I know your room number?）

（2）当客人的房间不包括早餐时，询问客人是用自助早餐还是零点。

例如：先生/小姐，不好意思。您的房间不包含早餐。请问您选择自助餐还是零点？（I'm sorry，sir/madam. Your room is not including the breakfast. Would you like to have buffet or a la carte?）

（3）根据客人人数安排就座。

例如：请问您几位用餐呢？（For how many people，please?）

得到客人确认后，根据客人人数将其带至合适的餐台。

例如：这边请。（This way please.）

（4）到餐台旁后，询问客人对餐台的意见。

例如：请问先生/小姐，这张餐台可以吗？（Sir/Madam，how about this table?）

餐台布置如图 3—1—4 所示。

图 3—1—4　餐台布置

（5）得到客人认可后，拉椅、让座，给客人口布（放在客人的左侧）。

例如：请坐。（Take a seat，please.）

（6）提醒客人保管好随身物品并祝客人用餐愉快。

例如：请保管好您的物品，祝您用餐愉快。（Please take care of your luggage and enjoy yourself.）

（7）与当区服务员交接，告知客人用零点早餐。

二、提供点菜服务

（1）服务员主动上前向客人问好，并递上菜单。

例如：早上好，先生/小姐。这是我们的菜单。（Good morning，sir/madam. This is our menu.）

（2）点菜。

1）服务员在点菜前要准备好笔和纸，画好台图并清楚了解菜单上菜式的用料、配料、烹调时间等。

2）在正式开始点菜前，应询问客人意见。

例如：先生/女士，您好。我现在可以为您点菜吗？（Excuse me，sir/madam. May I take your order now?）

3）点菜时，要了解和照顾客人的需求，介绍相应的食品。

例如：我可以向您推荐一下我们的欧陆式早餐/中式早餐吗？（May I suggest the continental breakfast/Chinese breakfast to you?）

在点菜时需要注意以下几点：

- 点菜时，要注意询问所有的细节，如鸡蛋的做法等。
- 如果客人只点了一份食品，应询问客人要不要配面包、果汁等。
- 如果客人点了一些需较长时间烹制的菜，要告知客人该菜需要等候的时间。

● 如果客人不从菜单上点菜，应请客人稍等，马上询问厨师能否满足客人要求，并尽快回复客人；如果不能满足客人要求，应介绍类似的品种。

4）点完后要重复客人的点单。

例如：我可以帮您重复您的点单吗？您点了……对吗？（May I repeat your order now? You have order… Is it right?）

三、将点菜单输入电脑

服务员应迅速、正确地按出菜顺序将点菜单录入电脑，以便厨房开始准备相应菜肴。

四、上菜

一般来说，应在点菜后 10 分钟内上菜。上菜时应注意以下几点：

（1）食品与菜单上的描述应相符，食品的温度要合适，要按客人要求烹制。

（2）按先冷（果汁、水果、谷物类）后热（蛋、通心粉、粥等）的顺序上菜。

（3）按先女后男、先宾后主、顺时针方向进行服务。

（4）为客人上菜时应报上菜名。

（5）餐碟较烫时，应提醒客人注意。

（6）根据上菜要求撤走客人已用完的餐具，更换客人所需的餐具。

五、巡台

（1）在客人喝完杯中的咖啡、茶后 2 分钟内应为客人重新添加，并留意是否要添加糖、奶。

例如：先生/小姐，打扰一下。请问要加咖啡或茶吗？（Excuse me，sir/madam. Would you like some more coffee or tea?）

（2）及时给客人撤走空杯、空碟。

例如：先生/小姐，打扰一下。我可以把它拿走吗？（Excuse me，sir/madam. May I take it away?）

（3）在客人用餐过程中，应到餐桌旁询问客人对服务是否满意。

例如：先生/小姐，您觉得我们的食物和服务怎么样？（Sir/Madam，how about your food and our service?）

六、结账

在客人要求结账后，请客人稍等，然后为客人打印账单。需要注意的是，结账时只需用手示意客人用餐金额即可，不要将价格读出来。

在结账过程中可能会用到的用语示例如下：

先生，这是您的账单。（Sir，here is your bill.）

您能在账单上签上您的姓名吗？（Would you sign your name on your bill?）

谢谢。请稍等。我马上把零钱和收据送来。（Thank you so mush. Wait for a minute please. I will back to take your change and receipt.）

这是您的找零和收据。谢谢。(Here is your change and receipt. Thank you.)

七、送客

(1) 为客人拉开椅子，并提醒客人带齐随身携带的物品。

例如：请带齐您的物品。(Please remember to have all your belongings with you.)

(2) 送客人到门口并道别。

例如：谢谢您的光临，再见。(Thank you for coming. Good-bye.)

知识链接

西餐常见鸡蛋做法

1. 煮鸡蛋 (Boiled Egg)。

煮鸡蛋有嫩蛋（3分钟）和老蛋（10分钟）之分，蛋黄在5分钟时开始凝固，如图3—1—5所示。

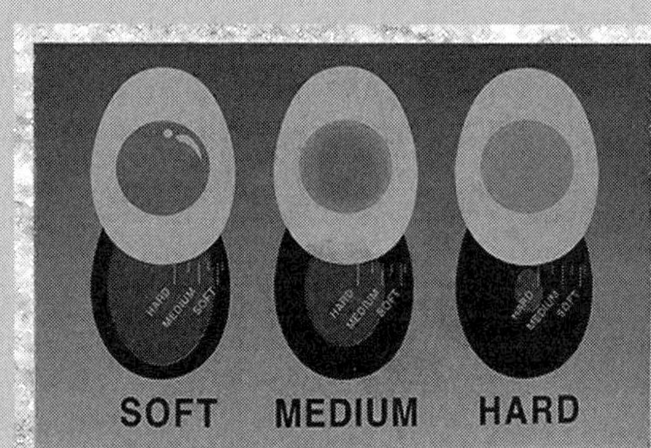

图3—1—5 煮鸡蛋

2. 煎蛋 (Fried Egg)。

一面煎如图3—1—6所示，蛋黄颜色鲜艳；双面煎蛋较嫩，如图3—1—7所示；双面煎到全熟如图3—1—8所示。

图3—1—6 一面煎

图 3—1—7 双面煎

图 3—1—8 双面煎到全熟

3. 奄列蛋（Omelette）。

即蛋白、蛋黄混合后，猛火快炒制成质地较嫩的蛋卷，如图 3—1—9 所示。

4. 溜糊蛋（Scrambled Egg）。

将蛋白、蛋黄搅匀加盐（Salt）、胡椒（Pepper）、牛奶，然后在锅上加牛油（Butter）用水翻炒，最后用微火将蛋炒熟，如图 3—1—10 所示。

图 3—1—9 蛋卷

图 3—1—10 溜糊蛋

【工作评价】

评价内容	评价方式			评价等级
	自评	小组评价	教师评价	
鸡蛋的几种常见做法				
美式早餐与欧陆式早餐的区别				
总评				

【拓展与练习】

1. 拓展项目

项目内容：2～3 人一组，模拟练习早餐零点点单。

2. 思考与练习

（1）早餐套餐有哪些分类？它们之间有什么区别？

（2）早餐鸡蛋有哪些分类？

（3）早餐接待服务高峰期如果遇到餐厅位置都坐满了，还陆续有客人前来用餐，该如何处理？

【任务小结】

通过本任务的学习与实践，使学生基本了解西餐早餐零点分类以及零点服务流程，同时掌握早餐的相关食品知识，为今后的实操服务奠定扎实的基础。

任务二　扒房服务

【工作情景】

扒房是饭店为体现自己的餐饮菜肴与服务的水准，满足高消费宾客需求，以增加经济收入而开设的高级法式西餐厅。扒房的照明以餐桌上的烛光为主，使用银质的餐具，服务员以男性为主，穿燕尾服、戴领结。扒房的菜单中应包括法式、意式、俄式西餐中的主要大菜和风味食品。扒房的酒水品种齐全，特别注重配齐世界各地所产的著名红、白葡萄酒和其他名牌酒品。

【知识预备】

一、什么是扒房

扒房指的是法式西餐厅所提供的法式服务，基本上要有一流的服务和最高级的食物。

二、扒房的服务要求

（1）礼貌地询问客人姓氏并在交谈中至少使用 1 次。

（2）客人就座 5 分钟内询问客人是否需要餐前饮料。

（3）客人就座 10 分钟内上前问候客人并开始点菜。

（4）客人点菜后 2 分钟内请客人点酒水。

(5) 客人点饮料后 5 分钟内上酒水。

(6) 客人点食品后 15 分钟内上头盘。

(7) 在撤走头盘后 20 分钟内上主盘。如果客人没有点头盘，主盘在点菜后 30 分钟内送上。

(8) 客人用餐至 1/3 时，主动询问客人的用餐情况及对菜品的意见。

(9) 服务员倒酒应以酒杯的 2/3 处为宜，在客人喝掉酒杯中的 4/9 时即为客人添酒。

(10) 客人用完饮品后 2 分钟内即主动询问客人是否需要添加。

(11) 客人用完餐后 3 分钟内清走所有已用过的餐具。

(12) 甜品在下单后 10 分钟内端上。

(13) 咖啡在客人下单后或客人用完甜品后 5 分钟内端上。上热咖啡时应提供热奶。

(14) 烟灰缸里有 1 个烟头就要更换。

(15) 客人要求结账后，应在 3 分钟内得到服务。结账时应至少向客人致谢三次。

(16) 严格按照“先宾后主”、“先女后男”、“先老后少”和“右上右撤”的原则，以顺时针方向提供服务。

(17) 主动引领客人到洗手间。

(18) 客人离开餐厅时应主动为客人拉餐椅并送客人到门口，向客人致谢。

三、扒房菜单的内容

扒房菜单中的菜肴以法式菜及美式的烧牛肉为主，在制作上讲求选料精细、品种繁多、造型精美、配搭合理。扒房菜单的内容主要包括头盘、汤、沙拉、主菜、甜品。

(一) 头盘

头盘源于俄国宴会，在宾客未到齐之前，先到的客人会在其他房中用餐前酒和点心，而现在这个环节被作为头盘固定下来，其目的主要是缓解客人的饥饿感并刺激食欲。头盘可以是水果、蔬菜、腌制或熏制的海鲜、肉类，或用新鲜的水产配以美味的汁。常见的头盘如图 3—2—1 所示。

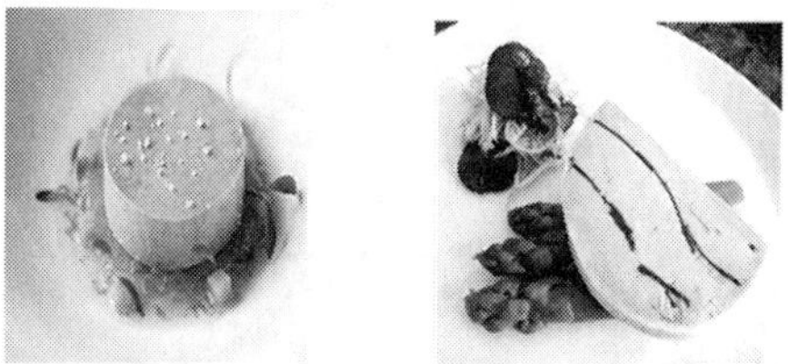

鹅肝酱

法式焗蜗牛

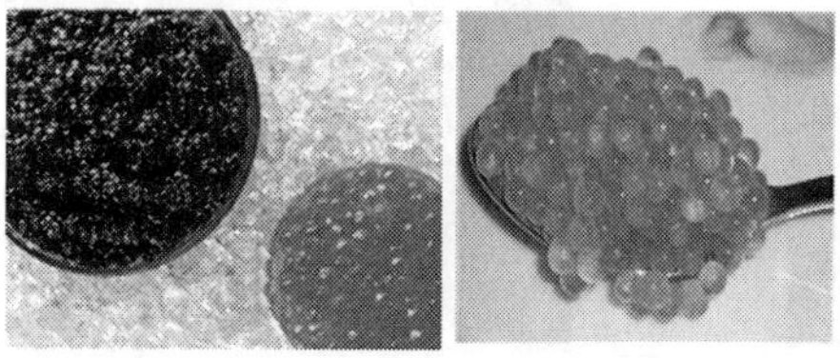

鱼子酱

松露菌

图 3—2—1　头盘

（二）汤

有许多人在用过头盘后，仍将汤称为第一道菜，认为汤才是正餐的开始。常见的汤如图 3—2—2 所示。

法式洋葱汤

奶油忌廉汤

罗宋汤

酥皮汤

图 3—2—2　汤

（三）沙拉

沙拉（Salad）是将各种凉透的熟原料或可直接入口的生原料加工成较小的形状，再浇上各种冷汁（Dressing）、调味汁拌制而成，一般分为蔬菜沙拉、水果沙拉、豆类沙拉、海鲜混合沙拉等。沙拉的风味变化除原料不同外，还有一个重要因素就是冷汁或调味汁的不同风味。常见的沙拉如图 3—2—3 所示。

田园沙拉

鸡肉沙拉

水果沙拉

凯撒沙拉

图 3—2—3　沙拉

沙拉中常用的调味品有以下几种：

（1）蛋黄酱（Mayonnaise）：用蛋黄（Egg）、橄榄油（Olive Oil）、醋（Vinegar）、胡椒、盐、芥末（Mastard）、忌廉等原料搅拌而成。

（2）油醋汁（Vinaigrette）：用橄榄油、醋、盐和磨碎的葱头（Shallot）、胡椒粉混合而成。

（3）千岛汁（Thousand Island Dressing）：将番茄酱（Ketchup）和切细的煮鸡蛋加入蛋黄酱中混合搅拌而成。

（4）鞑靼汁（Tartar Sauce）：将洋葱、酸青瓜、水瓜柳剁碎，加入万尼汁中，再加番茄碎拌匀即可。

（5）法国汁（French Dressing）：将醋、法芥（French Mastard）、橄榄油、清汤、葱碎（Shallot）、盐、胡椒、蒜茸、柠檬等调味品加蛋黄酱搅拌制成。

（四）主菜

西餐主菜可谓五花八门，应有尽有。从主菜采用的原料看，主要有牛、羊、猪等家禽及海鲜。常见的主菜如图 3—2—4 所示。

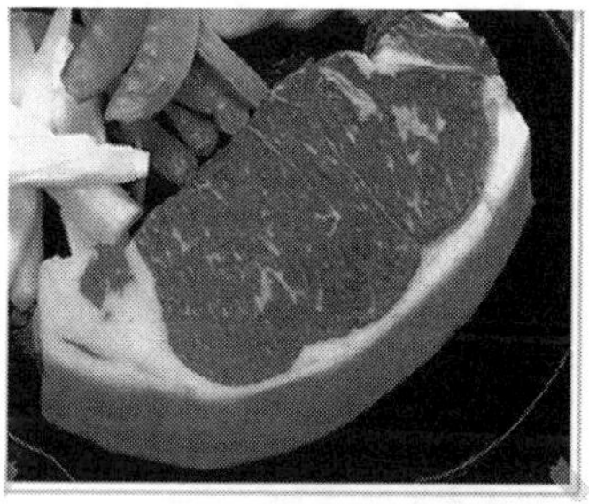

西冷

肉眼

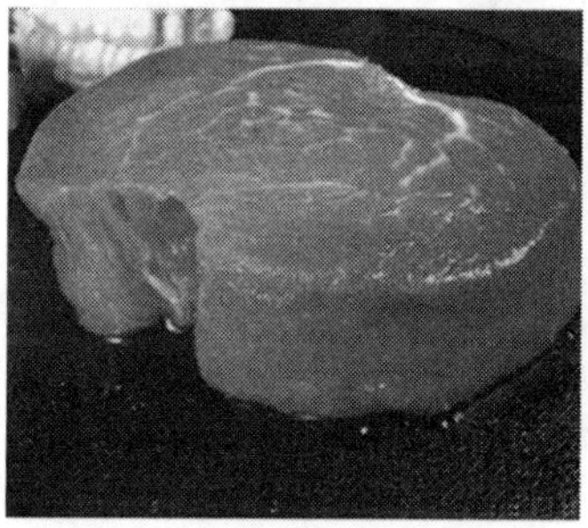

牛柳

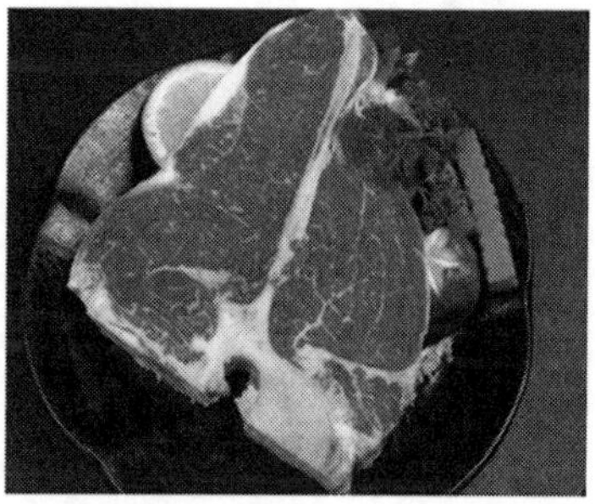

T骨

图 3—2—4 主菜

在烹饪主菜时常用的调味汁有以下几种：

（1）蘑菇汁（Mushroon Sauce），在锅内炒熟各类蘑菇丁，加白兰地后倒入布朗汁，适合牛、羊扒类或蘑菇炒肉丝等菜式。

（2）红酒汁（Red Wine Sauce），用红酒煮葱头后加入布朗汁煮成，适合牛扒。

（3）胡椒汁（Pepper Sauce），用牛油炒香葱头、大蒜粒、胡椒粒并加入白兰地、红酒后倒入布朗汁煮透而成（稍加忌廉），适合肉扒类菜肴。

（4）杂香草汁（Provencale Sauce），用牛油炒香葱、蒜茸加入各种香草，再加入红酒（Red Wine），倒入布朗汁煮透而成，适合烧羊排。

（五）甜品

甜品（Dessert）种类很多，这里大概介绍几种。

（1）蛋糕（Cake）：蛋糕的品种繁多，不同的原料、增香剂、模具和制作程序能产生不同风味的蛋糕。大致的制作方法为：将蛋白加糖抽打直至呈发起硬挺的形状后，加入各种原料、增香原料、蛋黄、面粉，然后一起倒入模子内，放入烤箱烘烤而成。

（2）冰淇淋（Ice Cream）：由乳脂、牛奶、糖和其他原料调味而成，品种达数百种。

（3）新地（Sundae）：用冰淇淋、果仁和水果混合而成。

（4）布丁（Pudding）：一种蒸煮或烤熟的松软海绵状食品，主要由打均匀的乳脂、鸡蛋加面粉、果仁、糖和香料制成。

（5）梳芙厘（Souffle）：打起打硬蛋白后加香料、甜酒、果汁在焗炉中焗熟而成。

常见的甜品如图 3—2—5 所示。

提拉米苏

核桃派

芒果布丁

梳芙厘

图 3—2—5　甜品

四、扒房的桌边服务

桌边服务即由服务员在客人面前即席烹饪菜式、调制汁料、制作甜品及过滤名贵红葡萄酒、点雪茄和烟等。若是客人生日或结婚周年纪念，可预订餐台由服务员提前进行特别的装饰、布置，还可提供切蛋糕服务，由服务员推上蛋糕车，集体唱生日歌表示祝贺。扒房的桌边服务如图 3—2—6 所示。

图 3—2—6　扒房的桌边服务

【工作过程】

一、餐前准备

（一）员工仪容、仪表

穿着干净、平整的全套制服，鞋子应干净并符合酒店标准，佩戴工号牌；男士仪容整洁，女士化淡妆。

（二）员工工作要求

（1）清楚了解当天的订餐团队情况及餐厅内的推介项目、缺销品种。

（2）工作时要做到有组织、有条理、有配合，与客人保持眼神交流，微笑服务，态度亲切友好。工作中常用的英语应熟练、流利。在服务过程中，要使用礼貌用语和服务规范用语。如果需要与其他同事交流，要顾及客人的存在，随时照顾客人的需求。

（三）餐台摆设及物品

（1）餐厅里每张餐台的摆设均一致，盆栽植物要符合要求。

（2）餐巾、台布干净，熨烫平整，没有任何污迹或破损。

（3）根据需要摆放合适的刀叉。刀叉干净、光亮，款式相配。刀叉上的徽饰、图案无褪色。

（4）玻璃杯、瓷器餐具干净、无破损，款式相配。

（5）盐瓶和胡椒瓶干净并装满，瓶口无堵塞。

（6）干净的糖缸内装有白糖、黄糖和健怡糖。

餐台摆设实物图如图 3—2—7 所示。

图 3—2—7　餐台摆设实物图

二、餐位预订（电话预订）

（1）在电话铃响三声之内接听。

（2）接电话时，使用恰当的问候语，报部门名称、接电话人姓名并表示原意提供协助。

例如：下午/晚上好，帕西菲嘉，请问有什么可以帮您？（Good afternoon/evening，Pacifica. How may I help you？）

（3）接受订座时，先询问客人姓名，并至少一次在订餐过程中使用客人姓名；然后询问用餐人数、就餐时间、联系电话、特殊要求；最后复述并确认客人订座的有关细节要求，感谢客人的预订。

在此过程中常用的语句有：

请问怎么称呼您呢？（May I have your name，please?）

请问您几位用餐？（For how many people，please?）

先生/女士，请问哪一天的几点钟来用餐呢？（Sir/Madam，for what date and what time?）

请问您的联系电话是多少？（May I have your telephone number，please?）

还有其他什么要求吗？（Any request？）

先生/女士，我重复一下您的预订：您预订了明天晚上 6:30 的一个两人餐位，您的电话号码是……对吗？(Sir/Madam，may I repeat it? A table for two，at 6:30 tomorrow evening. Your telephone number is… Is that right?)

先生/女士，谢谢您的来电，我们将恭候您的到来。再见！（Sir/Madam，thanks for calling. We looking forward to seeing you on time. Byebye!）

三、客人抵达餐厅/带位

（1）客人到达餐厅时，招呼客人并询问客人是否有预订。

例如：下午/晚上好，欢迎光临帕西菲嘉，请问您有预订吗？（Good afternoon/evening. Welcome to Pacifica，Do you have a reservation? ）

1）有预订时，常使用的用语如下：

方便告诉我您的姓名和手机号吗？（May I know your name and telephone number，please?）

请稍等，我给您查一下。(Please wait a moment，I will have to check it.)

2）无预订时，常使用的用语如下：

请问您几位用餐呢？(For how many people，please?)

请问您喜欢零点还是自助餐呢？(Would you like to have buffet or a la carte?)

（2）带客人到餐台旁后，询问客人对餐台的意见。

例如：请问先生/小姐，这张餐台可以吗？(Sir/Madam，how about this table?)

（3）得到客人认可后，给客人拉椅、让座，给客人口布（并放在客人的左侧）。

例如：请坐。(Take a seat，Please.)

（4）提醒客人保管好随身物品并祝客人用餐愉快。

例如：请保管好您的物品，祝您用餐愉快。(Please take care of your luggage and enjoy yourself.)

四、零点服务

（1）问候客人并给客人提供菜单。

例如：先生/女士，这是我们的菜单和酒水牌。请您先看一下。(Sir/Madam，here is our menu and drink list. Please look at first.)

（2）点饮料。

1）询问客人是否需要一杯餐前饮料。

例如：请问您餐前饮料喝点什么呢？我们有……（Would you like something to drink before your lunch/dinner? We have…）

2）向每位客人复述其所点的饮料名称。

（3）点菜。

点菜前，应清楚了解菜式的用料、特色、烹调时间、配料等。服务员在客人就座 5 分钟内即上前在客人的右侧为其点菜，应先请女士点菜。点菜时，服务员应与客人保持眼神交流。

1）开始点菜。

例如：下午/晚上好，先生/女士。请问可以为您点菜了吗？（Good afternoon/evening，sir/madam. May I take your order？）

2）点头盘。

例如：请问先要一份……沙拉，好吗？它里面有……挺不错的。（Would you like a… salad first？It made with… It is very good.）

请问您喜欢配哪一种汁？我们有……汁。（What kind of dressing would you like？We have… dressing.）

3）点主菜。

例如 ：我可以介绍……牛扒吗？我们这里的牛肉很好。（May I recommend the steak…？We have good beef here.）

请问您的牛肉要几成熟？五成还是七成？（How would you like your steak？Medium or medium well？）

请问您要什么汁配您的牛扒？我们有……（What kind of sauce would you like？We have…）

在点主菜的过程中应注意以下几点：

● 如果客人没有点沙拉，应询问客人是否需要。

例如：请问您先要份沙拉吗？（Would you like some salad first？）

● 如果客人不从菜单上点菜，应请客人稍等一会儿，马上询问厨师能否满足客人要求，尽快回复客人。

例如：这道菜菜单上没有，但我可以问一下厨师能否做。（I'm afraid it is not on our menu. But I will ask about our chef if it is available.）

● 如果不能提供客人要求的菜式，应介绍类似的品种。

不好意思，这道菜我们卖完了。我可以建议您试试……吗？（I'm sorry，that dish is sell out now. May I suggest you to try…）

（4）点红酒。

例如：请问要一瓶红葡萄酒配您的牛扒吗？（Would you like a bottle of red wine to go with your steak？）

在提供零点服务的过程中，应迅速、准确地记录客人的点菜和酒水，并向客人复述，最后向客人致谢。

例如：您点了……对吗？谢谢！（So your order is…Is that all right？Thank you！）

五、迅速、正确地入单

通知厨房准备菜肴。

六、上菜

（1）根据客人所点的菜摆上相应的餐具。

（2）客人点的菜需要配面包时，应提供面包和黄油给客人。客人吃完后，要询问客人是否添加。

（3）上菜前，要准备好所配的调味品。

（4）在点菜后10分钟内上头盘，在撤走头盘后15分钟内上主盘。如果客人没有点头盘，主盘在点菜后20分钟内上菜。

上菜时要注意以下几点：

1）食品与菜单上的描述应相符，食品的温度要合适，要按客人的要求烹制。

2）按先女后男、先宾后主、右上右撤的原则，以顺时针方向进行服务。

3）上菜时应为客人报上菜名，若餐碟较烫，应提醒客人注意。

上菜服务如图3—2—8所示。

图3—2—8　上菜服务

七、巡台

（1）当客人酒水饮料只剩1/3时，即为客人添加酒水、饮料。

（2）在客人用餐过程中，到餐桌旁询问客人对服务和食品满意与否。

例如：先生/小姐，请问您觉得我们的食物和服务如何？（Sir/Madam，how about your food and our service?）

（3）在客人用完餐后清走所有的空碟子、刀叉，并摆好下一道菜的餐具。在客人用完主盘后即清走面包碟、牛油刀，并抹去餐桌上的碎屑。

（4）客人用完餐后，可询问客人是否需要餐后饮品。

例如：请问要一杯咖啡或茶吗？我们有……咖啡，请问您喜欢哪一种？（Would you like a cup of coffee or tea? We have…coffee. Which one would you like?）

八、结账

在客人要求结账后，请客人稍等，然后为客人打印账单。（只需用手示意客人用餐金额，不要将金额读出来。）

在这个过程中可能会用到的语句有：

先生，这是您的账单。（Sir，here is your bill.）

您能在账单上签上您的姓名吗？（Would you sign your name on your bill?）

谢谢。请稍等。我马上把零钱和收据送来。（Thank you so mush. Wait a minute please. I will back to take your change and receipt.）

这是您的找零和收据。谢谢。（Here is your change and receipt. Thank you.）

九、送客

（1）拉椅。

例如：请带齐您的物品。（Please remember to have all your belongings with you.）

（2）送客人到门口。

例如：谢谢您的光临。再见。（Thank you for coming. Good-bye.）

知识链接

牛肉的熟度辨别

3 分熟（Medium-rare）：渗有暗红色血水。

5 分熟（Medium）：渗有淡红色血水。

7 分熟（Medium-well）：渗有粉红色血水。

全熟（Well-done）：渗有透明色的汁液。

【工作评价】

评价内容	评价方式			评价等级
	自评	小组评价	教师评价	
西餐扒房零点的程序				
点牛扒时需要向客人征询的问题				
总评				

【拓展与练习】

1. 拓展项目

项目内容：在扒房服务中偶尔听到其中一位女士今天生日，请提供个性化的服务。

2. 思考与练习

（1）扒房服务的顺序应遵循什么原则？

（2）扒房服务如何进行美食与美酒的搭配？
（3）如何辨别牛肉熟度？

【任务小结】

通过本任务的学习与实践，使学生基本了解扒房的食品知识以及服务流程。扒房服务过程中注重服务的步骤，体现个性化服务，在具体服务中讲究客人与服务员的默契配合、眼神交流，共同营造一种温馨、浪漫、高雅的就餐氛围。

任务三　客房送餐服务

【工作情景】

中午 11 点 35 分，××酒店送餐部来电提醒 1816 房间要求送餐服务。送餐部的工作人员接下来该如何点餐？如何布置送餐车？如何按流程进行送餐服务？

【知识预备】

送餐服务是餐饮服务的一个重要组成部分，其目的是为住在饭店客房内的客人提供迅速、灵巧、方便的 24 小时餐饮服务。

一、送餐车的布置

送餐车布置示意图如图 3—3—1 所示。

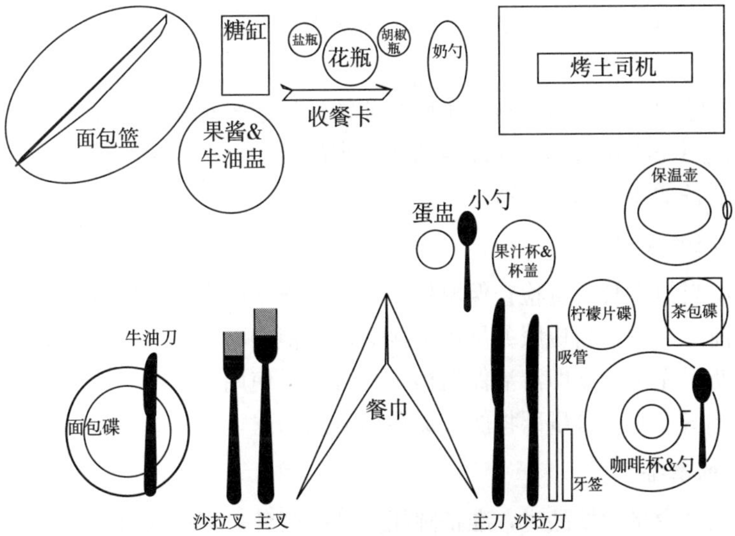

图 3—3—1　送餐车布置示意图

二、VIP 水果等级赠送标准参考

VIP 水果等级赠送标准参考如图 3—3—2 所示。

V1

V2

V3

V4

图 3—3—2　VIP 水果等级

【工作过程】

一、客房送餐服务的准备工作

（一）送餐车的准备

（1）每天由当值主管负责检查送餐车，确保送餐车清洁及功能正常。如有异常，应立即安排维修。

（2）配备足够数量的干净台布，供服务前铺设好送餐车再投入使用。

（3）每次使用完毕送餐车，立即清洁送餐车的台面、车身和车轮，以备随时使用。

送餐车的准备如图 3—3—3 所示。

（二）保温柜的管理

（1）每天由当值主管负责检查保温柜，发现故障立即出具维修单交工程部维修。

（2）开餐前 1 小时，当班服务员负责接通保温柜的电源。

（3）每次使用完毕，立即清洁保温柜，以备随时使用。

（4）每天下午 2 时由管事部将所有保温柜清洗一遍。

（三）托盘的准备

（1）当客人订少量的饮品时，准备圆托盘进行服务；当客人订一个菜时，准备长托盘进行服务；如果送餐食物数量多，必须使用送餐车进行服务。

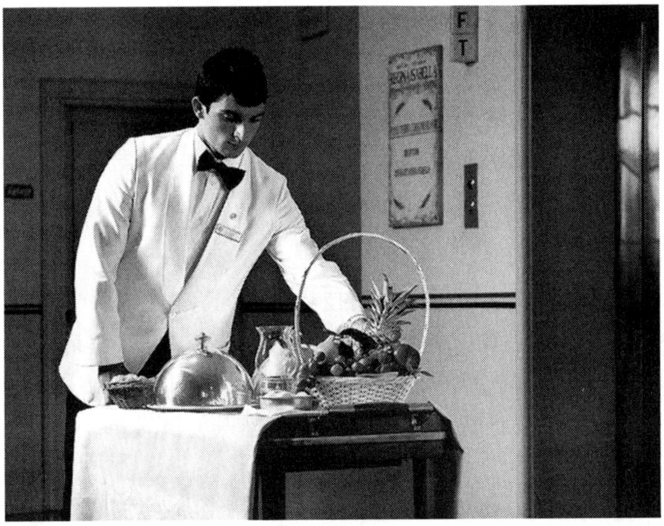

图 3—3—3 送餐车的准备

(2) 托盘使用完毕，应立即送交管事部清洗。

(3) 每班下班前，须将管事部清洗干净的托盘收回，留待下一班使用。

二、客房送餐服务

订餐员必须于每天开餐前了解当天厨房可供应的食品情况，掌握食品的数量、口味及制作方法，以便向客人推荐。客人订餐有两种方式：(1) 填写早餐卡，主要预订早餐；(2) 电话预订，客人一般预订早餐、午餐、晚餐、下午茶、夜宵及饮料。

(一) 接受订餐

1. 早餐卡预订

(1) 送餐部在凌晨 2 时后到楼层巡查，收取客人挂在房间门把上的早餐卡，将客人在早餐卡上所注明的用餐时间、用餐人数、所需的食物/饮料的数量、房号输入电脑。

(2) 送餐部当值主管或部长在核对早餐卡与输入电脑的内容一致后，按客人订餐时间提前 15 分钟以上安排送餐员做单。

(3) 由电话订单员打印账单，并将订餐内容按要求作详细订餐记录后，将账单交给当值部长核对跟办。

2. 电话预订

(1) 在电话铃响三声以内接听电话，向客人问好并通报所在部门及接听者的名字，然后询问客人的要求。

(2) 记录客人的房间号码、订餐内容、用餐时间、用餐人数及其他特殊要求。

(3) 如果客人所订的菜式不合季节或因故不能提供，应委婉、有礼地向客人解释，并主动向客人介绍相近的菜式。

(4) 如果送餐部厨房没有客人所点的食物而需要到其他厨房取时，应向客人说明原委及所需的时间，以便客人理解。

（5）最后感谢客人订餐，并待客人挂断电话后才可放下话筒。

（二）推荐食物及下订单

（1）接受客人订餐时，要恰当运用推销技巧主动向客人推荐食物。如果客人用餐人数多，可建议客人点大份的；如果客人没有点汤或甜品、水果，要主动介绍。

（2）接受客人订餐后，要尽快分类输入电脑，并安排送餐员做单。

（三）推荐饮品及下订单

（1）接受客人订餐时，要恰当运用推销技巧主动向客人推荐饮品，如在早餐时间可推荐果汁或不含酒精的饮料，午餐、晚餐可根据客人订餐的内容推荐红、白葡萄酒和香槟等，下午茶及夜宵时间可向客人推荐烈酒、啤酒、汽水、果汁或矿泉水。

（2）接受客人订单后，要尽快输入电脑，并安排送餐员做单。

（四）送餐车的摆台

1. 中式早餐摆台

（1）将送餐车两边台翼收起，铺上台布，检查并确保台布无破损、无污渍，台布的中心居中，四周均匀下垂。

（2）送餐车台面的左侧摆放餐巾纸，右侧的左边摆放筷子，右边摆放骨碟、碗、汤匙，牙签放在筷子的左边与筷子并排，有酒店标志的一面朝上对称摆放，中式茶杯连同底碟放在骨碟上方，茶壶连同底碟放在右上角。

2. 中式午餐、晚餐摆台

（1）将送餐车两边台翼收起，铺上台布，检查并确保台布无破损、无污渍，台布的中心居中，四周均匀下垂。

（2）送餐车台面的左侧摆放餐巾纸，右侧的左边摆放筷子，右边摆放骨碟、碗、汤匙，牙签放在筷子的左边与筷子并排，有酒店标志的一面朝上对称摆放，汁酱碟摆放在台面的左上方。

3. 西式早餐摆台

（1）将送餐车两边台翼收起，铺上台布，检查并确保台布无破损、无污渍，台布的中心居中，四周均匀下垂。

（2）送餐车台面的左侧摆放面包碟，面包碟上放餐巾，牛油刀放在面包碟左侧 2/3 处。在面包碟的上方再放置一个面包碟用来盛放黄油、果酱、调味料等。中间放主盘，在主盘的左侧放叉，右侧放刀。台面右侧放咖啡碟和杯子，其上方放置咖啡壶，糖缸和奶勺并排摆放在黄油碟右边。刀的上方放置果汁杯。

4. 西式午餐、晚餐摆台

（1）将送餐车两边台翼收起，铺上台布，检查并确保台布无破损、无污渍，台布的中心居中，四周均匀下垂。

（2）送餐车台面摆放面包碟，碟上放餐巾和牛油刀。在面包碟的上方再放置一个面包碟用来盛放牛油、牙签、胡椒粉和盐包。中间放主盘，在主盘的左侧放叉，右侧放刀，上方摆放甜品匙和叉（匙在上面、叉在下面）。台面右侧放咖啡碟和杯子，其上方放置咖啡壶，糖缸和奶勺并排摆放在牛油碟右边。刀的上方放置果汁杯。

（五）送餐服务

（1）送餐上房前，当值主管或部长需检查、核实客人的订餐与食物成品一致，食物及餐具摆位符合标准。热食需要放置在保温柜，冷盘要用胶盖盖上，饮品要用纸杯盖好，以保证食物质量和卫生。

（2）送餐员按规定路线搭乘员工专用电梯，迅速、安全送餐到客人房间。

（3）到达客人房门口，先按一下门铃，然后报上自己的身份："送餐部，Room Service。"在距离房门约一步处站立，等候客人开门。

（4）客人开门后，向客人问候并尽量称呼客人姓名。

例如：早上好/中午好/晚上好，××先生/小姐，您好。我是×××。您的食品已经准备好了。请问我可以进去吗？（Good morning/afternoon/evening，Mr/Mrs ×××. My name is ×××. Here is your order. May I come in?）

（5）房间服务。

1）当使用托盘送餐时，要看房间内何处适合摆放，然后征询客人意见。

例如：我可以放在这里吗？（May I place/put it here?）

客人同意后将托盘摆放好。用托盘送餐的标准姿势如图 3—3—4 所示。

图 3—3—4 用托盘送餐的标准姿势

2）当使用送餐车送餐时，一般将送餐车面向电视机或在两床中间停放，或按客人指定的位置停放，将餐车边翼打开，餐台面用具重新按标准摆放好。中餐要开筷子套，并为客人摆放好用餐椅。

3）将保温柜内的食物拿出来摆放在台面上，同时向客人介绍菜名，以确认客人所订的食物和饮料是否有错漏。

4）为客人提供咖啡、茶水和饮品服务。

5）询问客人是否有其他需要。如果客人有其他需要，请客人稍等并尽快送上。

（六）结账

（1）提前准备好账单、账单薄和笔。

（2）为客人结账时，询问客人是签房账还是付现款。确认结账方式后送呈账单。

例如：先生/小姐，这是您的账单，谢谢。（Here is your bill，sir/madam. Thank you.）

（3）如果客人签房账，须在姓名一栏用正楷填写清楚，写上房间号码及签名后，由送餐员核对客人的住房卡。

（4）如果客人付现款，由于客人付款的账单是按人民币结算的，因此，若客人付美金或港币，须按当天银行汇率进行折算。

（5）当面点清客人所付的现款，将账单的第一联交给客人，并把找零及客人需要的发票尽快交给客人。需事先向客人了解清楚发票抬头，以便开具发票。

（6）客人签单或付现款后要向客人道谢，请客人慢慢用餐并道别。道别时可告诉客人："如有任何要求，可随时致电送餐部，我们随时为您效劳。"（Please call room service at any time，we are always at your service.）

（七）收回餐车/餐具

（1）在送餐时将收餐提示卡摆放在餐台左上角，以提示客人用餐完毕打电话知会送餐部前往收取餐具。

（2）接到客人要求收餐的电话后，5～10 分钟须抵达房间将餐具收回。

（3）如果送餐后 1 小时，客人仍未来电，可打电话礼貌地询问客人的用餐情况、食品质量及是否可以收回餐具。

（4）进入房间收餐具时，要迅速整理餐盘和餐车，检查是否有客人的物品混在其中，将餐车的边翼收起，并用两边的台布将脏餐具盖好，然后向客人征询对食品的意见。

（5）询问客人是否有其他需要，向客人道谢并道别。

（6）收回餐具后要立即核对送餐记录。如果有未能收回的餐具，应做好记录并跟催收回。

【工作评价】

评价内容	评价方式			评价等级
	自评	小组评价	教师评价	
送餐员进入房间的标准服务用语				
模拟演练送餐电话点单				
总评				

【拓展与练习】

1. 拓展项目

项目内容：2～3 人一组，模拟送餐服务电话预订。

2. 思考与练习

（1）客房送餐如果敲门后发现无人回应该怎么办？
（2）送餐服务过程中遇到房间显示“请勿打扰”该如何处理？
（3）如何进行送餐车早餐标准摆设？
（4）简述送餐基本服务流程。

【任务小结】

通过本任务的学习与实践，使学生基本了解送餐摆台以及送餐服务流程。送餐服务对服务人员的要求很高，服务人员需要具备良好的应变能力以处理各种突发情况，需要不断地模拟及实践操作，以不断提高自身的知识水平和操作水准。

项目四　典雅华丽之宴会服务

学习目标

◎ 掌握西餐宴会的基本特征
◎ 掌握宴会服务的流程及标准
◎ 熟悉自助餐服务的特点
◎ 掌握自助餐服务的流程及标准
◎ 熟悉鸡尾酒会服务的特点
◎ 掌握鸡尾酒会服务的流程及标准

任务一　宴会服务

【工作情景】

行知大酒店接待了一个国外参观团，接待单位将在西餐部举行欢迎宴会。此时，西餐部灯火通明，服务员都在餐厅里穿梭忙碌，一切是那么井然有序、有条不紊。

【知识预备】

一、西餐宴会的发展史

在文艺复兴时期，饮食同文艺一样，以意大利为中心发展起来，在贵族举行的宴会上涌现出各种名菜、细点。16 世纪初至中叶，法国安利二世王后卡特利努·美黛希斯喜欢研究烹调方法，她从意大利雇用了大批技艺高超的烹调大师，在贵族中传授烹调技术，这样不但使宫廷、王府的菜点质量显著提高，而且使烹饪技法广为流传，促使法国的烹饪业迅速发展起来。后来，法国有位叫蒙得弗德的人在举行宴会时，为了让客人预先知道宴席的菜品，让管家在宴会前在羊皮纸上写好菜名，放置在每个座位前，据说这是西餐菜谱的开始。

1638 年至 1715 年，由于讲究饮食而被人称为美食家的法国国王路易十四在宫廷中发起烹饪大赛，优胜者发奖章及给予奖赏，从而推动了烹饪业的蓬勃发展，一时间宫廷内佳肴美馔迭出。由于宫廷和上层社会的烹调热，直接推动了整个社会烹饪业的发展。1765 年，法国出现了餐厅。法兰西革命后，面向一般顾客服务的餐厅像雨后春笋般地发展起来，供餐形式为每人一份。不久，出现了零点菜谱，但只是简化了的宫廷菜。19 世纪初，餐桌上的礼仪大致与现在相同。第二次世界大战以后，才出现了许多新的餐具，而且配套使用，有着严格的摆放及使用方法。

二、西餐宴会的基本特征

（1）西餐宴会中所提供的菜肴以欧美菜式为主，非常注意菜肴与酒水的搭配。

（2）西餐宴会的餐具用品、厅堂风格、环境布置、台面设计、音乐伴餐等均突出西式格调。如餐桌为长方形，使用刀、叉等西式餐具等。西餐宴会台面设计如图 4—1—1 所示。

（3）西餐宴会对服务程序和礼仪都有严格的要求，对服务人员的素质要求亦较高，服务人员必须熟知西餐宴会的菜肴、酒品知识及服务礼仪等方可提供良好的服务。

三、西餐宴会的形式与内容

西餐分为包伙（如图 4—1—2 所示）与零点（如图 4—1—3 所示）两种就餐形式。西

图 4—1—1 西餐宴会台面设计

餐宴会属于包伙形式，包伙也称定食，法语是“Table D Hote”，其原意是“饭店主人的餐桌”。西餐宴会经过长期的发展，亦形成一种较为稳定的形式，其基本结构被称为“Full Course”，即全套菜式。

图 4—1—2 包伙就餐

图 4—1—3 零点就餐

西餐宴会一般包括冷菜、汤、主菜、甜品（水果）、餐后饮料五部分。

冷菜主要有前菜、沙拉等品种。前菜也称冷盘、头盘、餐前小食等，主要是起开胃作用的小食品，如胶冻类菜品（龙虾冻）、派类菜品、冷肉类菜品（也称冻肉菜品，如鸡肉卷）和一些腌制类菜品，可配餐前酒。沙拉一般有素沙拉、荤沙拉和荤素混合沙拉。

汤有牛尾汤、鲜蚝汤、清炖汤等。

主菜通常是菜单上烹调工艺较复杂、口味最具特色、分量最大的一类菜品，一般包括鱼虾类、肉类以及野味类菜品。按照西方人的就餐习惯，主菜一般只选一道菜品。主菜大都需要配菜，配菜一般选用各种新鲜蔬菜，按照白、青、红等颜色组合烹制而成，其作用是既能在色、香、味、形方面美化主菜，又能刺激食欲、平衡营养。主菜可配各种酒。

甜品（见图 4—1—4）包括布丁、奶酪和各种水果做的甜菜，有时也有一些面包和黄油。

图 4—1—4　甜品

餐后饮料主要起醒酒、解腻、助消化的作用，如红茶、咖啡等，也可配餐后酒（见图 4—1—5）。

图 4—1—5　餐后酒

四、西餐宴会的餐具

西餐宴会的餐具配置应根据西餐菜点而定。

西餐与中餐最大的不同是，中餐所有的菜都可以用筷子（或勺）取用，而西餐强调“各吃各的”，对餐具非常讲究，刀、叉、勺的形状会因食物的不同而有所差异。

主菜：肉类配主餐刀、主餐叉，牛排和羊排配牛排刀、主餐叉，鱼类配鱼刀、鱼叉。

汤：配大汤勺。

沙拉：配甜品刀、沙拉叉。

甜品：配甜品刀、甜品叉或甜品勺。

咖啡、茶：配咖啡勺、奶盅、糖缸。

面包：配黄油刀。

咸鱼子：配冷盘、鱼叉、鱼刀、茶匙、黄油碟。

牡蛎、蛤蜊：配冷盘、牡蛎叉、面包盘、黄油刀和净手盅。

水果：配鲜果或甜点盆、水果刀、水果叉、净手盅。若食用葡萄，除配以上器皿外，还需配盛冰水的透明碗或香槟酒杯、剪刀。

龙虾大餐：鸡尾叉、龙虾钳、装龙虾壳的小盘、净手盅、龙虾叉、鱼刀、服务盘及餐巾、面包盘及黄油碟、黄油刀、白葡萄酒杯等。

蜗牛大餐：服务盘及餐巾、沙拉叉、正餐叉、蜗牛夹、面包盘及黄油碟、黄油刀、红葡萄酒杯、白葡萄酒杯、鸡尾叉、汤勺、正餐刀。

【工作过程】

一、宴会前的准备工作

（一）明确任务

（1）了解宴会规格、宴会标准、参加人数、进餐时间及来宾国籍、身份、宗教信仰、生活特点、是否在近日内参加过宴会等情况。

（2）了解来宾餐前在会客室用茶还是鸡尾酒。

（3）了解主办单位和来宾的特殊要求。

（4）召集服务人员开会，交代、布置任务，研究完成任务的具体方法，提出完成任务的具体要求和注意事项。

（5）明确各服务人员的职责。

知识链接

西餐厅宴会服务注意事项

（1）餐厅领导要事先与厨师长认真研究宴会餐的菜单，特别是一些用餐标准较低的宴会餐，既要掌握菜肴档次与菜肴价位相符的原则，又要粗菜细做，变换花样。

（2）餐厅要与客人保持密切联系，及时掌握客人在用餐时间、人数、标准等方面的变化，主动做好调整工作。

（3）及时了解个别客人的饮食要求，如是否有清真客人、吃软食的客人、生病的客人等。对于这些客人，要及时满足他们的要求，即使餐厅处理时有一定的困难，也应该全力以赴，让客人满意。

（4）及时结账。客人用餐结束后，餐厅要立即结清所有的食品和饮料账单，用恰当的方式催促付款。

（5）及时总结。每接待一批客人，应征询他们对菜肴口味、服务、设施设备等方面的意见，以便餐厅及时总结，改进工作。

（二）开好菜单，准备酒水

（1）根据宴会标准、来宾情况、货源情况及设备情况，协助厨师开好菜单。

（2）菜单开出后，征求宴会主办者的意见。如有变动，立即与厨房联系。

（3）菜单拟定后要一式四份，一份送厨房配菜，一份交收银台结算，一份交宴会主办者，一份服务人员留用。

（三）布置餐厅

（1）认真做好宴会厅、过道、楼梯、卫生间、休息室等处的清洁卫生。

（2）认真检查宴会厅、休息室及其他处所的设备，包括灯具、冷暖设备等是否完好。如发现问题，要及时整修或调换。

（3）按宴会的要求进行陈设、墙饰、绿化装饰。走廊绿化装饰如图4—1—6所示。

图4—1—6　走廊绿化装饰

（四）准备物品

（1）根据菜单所列菜点、酒水等，备齐小件餐具，如图4—1—7所示。

图4—1—7　餐具准备

（2）一般的宴会，小件餐具每客至少备 3 套，较高级的宴会每客要备 5～6 套。除备齐每客必用餐具外，还要准备一定数量的备用餐具，以备个别宾客在特殊情况下使用。备用餐具一般占总数的 1/10 即可。

（3）台布、鲜花或瓶花按台数准备。餐桌瓶花如图 4—1—8 所示。

图 4—1—8　餐桌瓶花

（4）烟灰缸、牙签等物按四客一套备齐。

（5）口布按客数准备，并要有一定数量的备用口布。小毛巾按每客两条准备。

（6）要设小酒吧间（如图 4—1—9 所示），按菜单兑好鸡尾酒和其他饮料，需冰镇的要按时冰镇。

图 4—1—9　小酒吧间

（7）瓶装酒水要逐瓶检查质量，并将瓶身擦拭干净。

（8）辅助佐料要按菜单配制。

(9) 调味架要擦干净并装满佐料，糖缸、盐瓶也要擦净、装满。

(10) 茶、水果要按宴会标准领取。

(11) 准备好开水。

(12) 水果要经挑选并洗干净，需要去皮的要准备好去皮工具。

(13) 在准备间备好面包盘、新鲜面包、黄油等。

（五）台型布置

西餐宴会的台型布置一般采用长桌形式，如图 4—1—10 所示。

图 4—1—10　西餐宴会台型布置

常见的台型有 T 型、N 型、M 型、I 型、回型、跑道型等。在宴会厅内，可根据来宾人数和来宾情况以及餐厅的面积和设备，将餐台分别排成多种样式。总的要求是：美观适用、左右对称、出入方便、具有整体感，并注意宴会厅的布局。西餐宴会布置图如图 4—1—11 所示。

图 4—1—11　西餐宴会布置图

（六）餐台布置

（1）铺台布。一般先用毡、绒等软垫物按餐台的尺寸铺台面，再铺宴会台布。台布一般用白色，如果是数块台布拼铺的台面，应从里往外铺设。

（2）摆餐具。西餐宴会使用的餐具一般为刀（肉刀、鱼刀、餐刀、黄油刀、水果刀）、叉（肉叉、鱼叉、餐叉、点心叉）、匙（汤匙、咖啡匙、茶匙、点心匙）、酒杯（水杯、利口杯、红酒杯、香槟杯）等，其他还有黄油碟、面包盘、调味架等。布置餐台时要根据菜单决定所用的餐具。西餐主题宴会台面如图 4—1—12 所示。

图 4—1—12　西餐主题宴会台面

（3）餐台的中央摆上鲜花。长台、方台以摆插成半橄榄形、圆台以摆插成半球形为好。蜡烛或玻璃罩等摆多少要根据餐台的大小、来宾人数多少而定。餐台摆花如图 4—1—13 所示。

图 4—1—13　餐台摆花

（4）餐台上公共用具一般四人一组，烟灰缸也四人一组或两人一组。

（5）来宾人数少时，每人摆一份菜单，放在餐具的右侧；来宾人数较多时，可两个席位摆一份菜单。

知识链接

西餐宴会餐具摆设原则

西餐中所使用的餐具种类繁多，每种菜肴都有可能有其特殊的餐具设置要求，因此必须先了解各式菜肴所需搭配的餐具，才能进行恰当的摆设。由于客人事先已经确定宴会菜单，服务员只要在宴会开始前遵照菜单进行餐具摆设即可。在摆设餐具之前，应先了解餐具摆设的基本原则。

1. 左叉，右刀、匙，上点心餐具。

以餐盘的摆设位置为基准，左侧放置各式根据菜单内容所需的餐叉，右侧摆放各种根据菜单内容所需的餐刀及汤匙，上侧则横向摆放点心餐具。

一般而言，只有上奶酪时，才会将奶酪类的餐具摆设上桌。摆设时，点心叉须紧靠餐盘，点心匙或点心刀则放在点心叉上方，摆放方向应以最容易拿取为原则。摆设餐盘右侧的餐刀时，应使其刀刃都朝向左方。因面包盘都放在左手边，所以奶油刀应摆设在面包盘上，即位于餐叉左侧。西餐餐具摆放如图 4—1—14 所示。

图 4—1—14 西餐餐具摆放

2. 先使用的餐具摆放在外侧，依序向内摆放；点心餐具则先内后外。

摆设时以餐盘为基准，最后使用的主餐餐具应先摆放在餐盘的左右两侧，依次向外来摆设餐具。也就是说，餐中最先使用的餐具要摆设在最外侧。点心餐具通常只需先摆设一套即可，若有两道点心，另一道点心的餐具可以随该点心一起上桌。

3. 宴会餐具悉数摆放上桌。

为了餐桌的美观，宴会餐具摆设应以不超过 5 套餐具为原则；然而，为了讲求效率，除了特殊餐具外，正式宴会场合通常将餐单上所要求的全部餐具摆放上桌。这种摆设方式不仅可以节省服务时间，也可以使服务员进行服务时比较顺手。

在正式宴会场合，一般不将咖啡杯预先摆上桌，而应放在保温箱里，直至上点心时才取出来摆上。这样就可以保持咖啡杯的温度，并且可以避免餐桌上摆放太多餐具而显得过于杂乱。

4. 摆设不应超过 4 个杯子。

在欧洲，每道菜普遍搭配一种葡萄酒，所以常使用很多酒杯。但在正式宴会中，由于海鲜类会用白葡萄酒来搭配，红肉类会搭配红葡萄酒，点心类则搭配香槟，再加上水是西餐的必备之物，所以正式宴会餐桌上常摆设 4 种不同的杯子，即水杯、红葡萄酒杯、白葡萄酒杯及香槟杯。而国内的饭店，西餐宴会摆台则常摆放 3 种杯子，即水杯、红葡萄酒杯、白葡萄酒杯。其他一些餐前酒酒杯和餐后酒酒杯都不预先摆上桌，以免餐桌显得过于杂乱，所以摆设杯子时总体应以不超过 4 个为原则。

5. 不摆放形状、大小相同的酒杯。

餐桌上不应摆放两个形状与大小都相同的酒杯。一般红葡萄酒杯的容量是 0.21～0.27 升，白葡萄酒杯的容量则为 0.18～0.24 升。但目前许多饭店为了节省费用并解决仓储问题，选用通用型的红、白葡萄酒杯，即红、白葡萄酒杯选用同一种酒杯。若使用这种通用型的酒杯，便无法遵守这项摆设原则。

6. 酒杯由左至右依高矮摆设。

酒杯通常采用左上右下、斜 45°的摆设方式。摆设时应将最高者置于左边，最矮者放于右边，以方便服务员倒酒。需要特别注意的是水杯，水杯通常高于红葡萄酒杯，而且会持续摆在桌上使用直至宴会结束，所以其正确的摆放位置应在所有酒杯的最左侧。

7. 酒杯摆设不可妨碍右侧人用餐。

在考虑服务员工作方便的同时，酒杯摆设还需要注意不可妨碍右侧客人用餐。在欧洲国家，以往都把酒杯摆放在点心餐具的正上方，这种方法虽然仍有一些餐厅采用，不过服务员在替客人倒酒时会感到不便。

（七）个人卫生

各项工作就绪后，服务员要在宾客到来之前整理好个人仪表。图 4—1—15 所示为服务员等待开餐服务。

图 4—1—15　服务员等待开餐服务

二、迎宾及休息室服务

（1）热情、有礼貌地接待来宾，并引领宾客到休息室休息。图 4—1—16 所示为开餐前迎宾。

图 4—1—16 开餐前迎宾

（2）为宾客送上餐前饮料或餐前酒。

（3）若宾客为坐饮，要先在宾客的面前送上杯垫，然后放上饮料。

（4）若宾客为立饮，要先给宾客送上餐巾纸，再送饮料。

（5）当宾客到齐后，主人表示可以入席时，服务员打开通往餐厅的门，引领宾客入席。

三、餐前鸡尾酒服务

（1）在西餐宴会前半小时或 15 分钟，通常在宴会厅的一侧或门前酒廊设餐前鸡尾酒。

（2）当宾客陆续到来时，先到厅内聚会交谈，由服务员用托盘送上鸡尾酒、饮料，请宾客选用。

（3）茶几上备有干果、虾片等小吃。

（4）主宾到达时，由主人陪同进入休息厅与其他宾客见面，随后进入宴会厅，宴会即正式开始。

四、宴会中的席面服务

（1）在宴会开始前几分钟摆上黄油，分派面包。

(2) 安排宾客就座后，按先女后男的顺序给宾客斟上佐餐酒，最后给主人斟，同时询问是否需要其他酒品。

(3) 西餐宴会多采用美式服务，有时也采用俄式服务。上菜的顺序依次是：冷开胃品、汤、鱼类、副盘、主菜、甜食、水果、咖啡或茶。

(4) 按菜单顺序撤盘上菜。每上一道菜前，应先将用完的前一道菜的餐具撤下。西餐宴会要求等所有宾客都吃完一道菜后才一起撤盘。

(5) 上甜点、水果之前，撤下桌上除酒杯以外的餐具、主菜餐具、面包碟、黄油碟、胡椒瓶、盐瓶，换上干净的烟灰缸，摆好甜品叉匙，水果要摆在水果盘里，上净手盅、水果刀叉。

(6) 上咖啡或茶前放好糖缸、淡奶壶，在每位宾客右手边放咖啡或茶具，然后拿咖啡壶或茶壶依次斟上。

五、宴会结束收尾工作

(1) 结账（见图 4—1—17）。宴会接近尾声时，应清点宾客已饮用的饮料数量，若收费标准中不含饮料费用，要立即开出所耗用的饮料清单，交收款员算出总账。宴会结束时，宴请的主人或助手负责结账，一般不签单，而是收取现金、支票。

图 4—1—17　客人结账

(2) 送宾客离席。当宾客起身离座时，应为其拉椅，服务员要送宾客至宴会包厢门口。

(3) 收拾台面、清理现场，检查有无未熄灭的烟头及客人遗留的物品。收台时，先收餐巾，后用托盘或手推车收餐具，撤掉台布，了解下一餐宴会情况，在下班前准备下一餐宴会的餐桌摆台。

(4) 小结。宴会结束后，领班应记录宴会的完成情况。管理人员可主动征求来宾或陪同人员的意见，认真总结经验，发扬优点，克服缺点，不断提高服务质量和服务水平。

知识链接

怎样去参加西餐宴会

1. 宴前礼节。

(1) 预约：越高档的饭店越需要事先预约。预约时，不仅要说清人数和时间，也要表明是否要吸烟区或视野良好的座位。如果是生日或其他特别的日子，可以告知宴会的目的和预算。在预约的时间内到达是基本的礼貌。

(2) 着装：再昂贵的休闲服，也不能随意穿着上西餐厅。吃饭时穿着得体是欧美人的常识。去高档的餐厅，男士要穿整洁的上衣和皮鞋；女士要穿套装和有跟的鞋子。如果指定穿正式服装的话，男士必须系领带。

(3) 出席：接到邀请后，应该及早答复。如果不大可能参加或可能迟到、中途退席，要说明理由并事先表示歉意。进入餐厅时，除了手套、手提包、请帖可以随身携带外，其余物品应寄存在衣帽间。入座时，应由长辈或领导人开始，由服务员领入餐厅。服务员拉出椅子后，要从椅子左侧入座。入座后要调整到最舒适的位置，一般以距餐桌一个拳头远为合适。所带物品放在背后与椅子靠背之间，不要将腿交叉在一起或抖动大腿。一旦入席，应尽量不要中途退席。

(4) 开餐：如果参加正式宴请，女主人把餐巾铺在腿上是宴会开始的标志。餐巾暗示着宴会的开始和结束，西方有女士优先的原则，西餐宴会上女主人是第一顺序，女主人不坐，别人是不能坐的，女主人把餐巾铺在腿上就说明大家可以开动了。反之，女主人要把餐巾放在桌子上，则是宴会结束的标志。

2. 席间礼节。

在席间，不可用口布擦刀、叉子，只可用它轻轻拭去指头和嘴唇上的脏东西。但是，由于口红容易沾污口布，故使用时要注意。干杯、致辞、中途临时退席时，应将口布放在椅子上。宴会结束退席时，将口布折叠一下放在桌子上。西餐的餐具很多，最基本的则是刀、叉、勺，其用途分得很清楚。用餐时，习惯用法是左手拿叉，右手握刀。使用刀时，将食指放在刀背上，左手用叉按住食品，用刀把食品切成小块。使用刀叉时要左右配合，用力要轻、要稳，要基本上听不到刀、叉、盘、碟互相碰击的声音。喝汤时用汤勺，方法是从里（即靠近自己的一面）向外盛汤来喝。使用时，刀或叉掉在地上，不要自己捡起来，要请服务员捡起来更换。

3. 西餐宴席的吃法。

一般的西餐宴会，有九至十道菜点。根据西餐上菜程序，吃什么菜用什么餐具，喝什么酒用什么酒杯是很有讲究的。

(1) 第一道菜上面包、黄油。用餐时，用黄油刀把黄油抹在面包上食用（西餐中，面包当副食用，量很少）。

(2) 第二道菜上冷盘（西餐叫小吃）。食用时，用中刀、叉。与冷盘一起上的是烈性酒，使用利口杯饮用。

(3) 第三道菜上汤。西餐在上热菜之前上汤。喝汤时上舍利酒，用舍利杯。喝汤时不要吹气，勺接触碟子时不要发出声响。

(4) 第四道菜上鱼。吃鱼用鱼刀、叉。吃带头尾的鱼时，将鱼头朝左，鱼腹向前拿到碟里，切掉头、尾，从鱼腹部切入，沿着背骨从头往尾方向切开。将上面的鱼肉放在碟里食用，接着取下鱼骨，食用下面的鱼肉，不要将鱼翻过来。吃鱼时配白葡萄酒，以去腥味。

(5) 第五道菜上副菜（也叫小盘）。副菜量较少，易消化。吃副菜用中刀、叉，一般不再跟酒。

(6) 第六道菜上主菜（也叫大菜）。西餐宴会讲究上“烤乳猪”、“烤火鸡”等整只的熏烤动物。吃主菜时用大刀、叉。上主菜时跟红葡萄酒，以解油腻，用红酒杯饮用。

(7) 第七道菜上甜点。吃甜点时用点心勺和中叉。上甜点要跟香槟酒，用较大的香槟酒杯饮用。香槟酒是西餐宴会中的主酒，在西餐中有“酒王”之称。

(8) 第八道菜上水果。吃时用水果刀。苹果、梨等圆形水果，先切成四瓣，然后用刀将皮和核削去。

(9) 第九道菜上咖啡。上咖啡时另跟一小罐牛奶，可与咖啡合在一起，用咖啡勺搅拌饮用。

(10) 第十道菜上利口酒。这种酒多为蜜酒，是宴会中的收尾酒，用利口杯饮用。

4. 同席的礼节。

在餐厅同席时，要边吃边温和地同两旁的客人谈话。但是，不要边大口吃菜边谈话，要把东西咽下去再说话。在用餐时不要发出声音，不要把骨头吐到碟子上，不要将肘撑在桌子上。取拿盐或胡椒时，不要把手伸到他人面前，而要请附近的人帮忙并道谢。

【工作评价】

评价内容	评价方式			评价等级
	自评	小组评价	教师评价	
准备宴会用品的步骤与规范				
宴会摆台				
宴会餐间服务				
总评				

【拓展与练习】

1. 拓展项目

项目内容：西餐宴会的那些事。

以小组为单位，分别扮演服务员与客人，模拟演练西餐宴会的服务流程并尝试处理紧急事件。

2. 思考与练习

（1）如何处理客人在宴会上的醉酒情况？
（2）宴会上如何进行餐后小吃服务？

【任务小结】

通过本任务的学习与实践，使学生了解西餐宴会的特点，掌握西餐宴会的流程及注意事项。

任务二　自助餐服务

【工作情景】

圣诞节将至，行知大酒店将举行一个大型的圣诞宴会，客人要求采用自助餐的形式，餐厅经理接到通知后，正在紧锣密鼓地布置和分配任务。

【知识预备】

早餐自助餐的菜肴和正餐自助餐的菜肴是不同的，我们需要分别了解其类别和分布。自助餐餐厅如图 4—2—1 所示。

图 4—2—1　自助餐餐厅

一、早餐自助餐

（一）果汁

果汁保留了水果中相当一部分的营养成分，如维生素、矿物质、糖分和膳食纤维中的果胶等，可以增强人体的新陈代谢。衡量一个饭店早餐自助餐的质量如何，果汁是必不可少的要素之一。果汁通常分为鲜榨果汁和成品果汁。早期的早餐果汁很简单，只需将采购来的各种成品果汁装入专用的果汁机中即可。随着人们对健康和生活品质要求的提高，现在一些饭店的自助早餐往往会使用新鲜的、出汁量大的水果来制作鲜榨果汁。为了向客人证明果汁的新鲜程度，饭店通常会安排员工在餐台进行现场榨汁。果汁台如图 4—2—2 所示。

图 4—2—2　果汁台

（二）面包

无论在西方国家还是在中国，面包已经成为早餐必不可少的组成部分。

西方人把面包看得很重要，他们通常把面包和我们的米饭摆在同样重要的位置。西方人总体来说比较偏爱黄油味和甜品的面包，如羊角面包、吐司面包、玛芬面包和各种水果味的丹麦面包等；东方人则偏爱咸味的花色面包，如肉松面包、香肠面包等。厨师可根据本饭店的客源情况，适当地调整面包口味来满足大多数客人的需求。羊角面包如图 4—2—3 所示。

图 4—2—3　羊角面包

（三）沙拉

沙拉是用各种凉透了的熟料或可以直接食用的生料加工成较小的形状后，再加入调味品或浇上各种冷沙司、冷调味汁拌制而成的。沙拉的原料选择范围很广，各种蔬菜、水果、海鲜、禽蛋、肉类等均可用于沙拉的制作。但是在自助早餐的沙拉台上通常只放置简单的蔬菜和水果，这是因为大多数客人的早晨用餐时间比较紧凑，不像正餐那样有充足的时间来品尝各种食物。此外，人体的肠胃在经过一夜的休整后不适宜大量食用冷菜，所以一些简单的蔬菜配上千岛汁、油醋汁等汁酱比较合适在早餐食用。水果沙拉如图 4—2—4 所示。

图 4—2—4　水果沙拉

（四）冷切肉台

冷切肉台上通常有冷切肠、冷切肉、烟熏鱼类和芝士类等，如图 4—2—5 所示。

图 4—2—5　冷切肉

（五）芝士

芝士（见图 4—2—6）就是我们通常所说的奶酪，芝士是英文“Cheese”的音译读法。奶酪是新鲜的或煮熟的牛奶酪蛋白的凝聚物。奶酪可以在吃主菜前配合沙拉吃，也可以在主菜后、甜点前品尝，软奶酪还可以涂在面包上吃。奶酪可以分为以下几种：新鲜奶酪（如意大利的莫扎雷拉奶酪、法国的布利奶酪）、白霉奶酪、蓝纹奶酪（如法国的罗克福奶酪）、清洗奶酪（如法国的蒙斯特奶酪）。

图 4—2—6　芝士

（六）麦片

麦片（见图 4—2—7）是早餐的主要食品，起源于英国，是由燕麦、谷物、玉米等加工而成的。麦片在加工过程中保留了大量的营养矿物质，可以用于平衡及补充人体的营养，改善消化系统。麦片常拌以水果、牛奶、酸奶等食用。饭店常用的麦片有燕麦片、玉米片、脆香米、可可米等，旁边配有各种冷牛奶或冷豆浆供客人选择。同时，会在麦片旁边放置一些配料，如香蕉干、提子干、核桃干、烤松仁和南瓜子仁等，可以配合麦片一起食用。

图 4—2—7　麦片

（七）粥和中式面点

粥通常有白粥、皮蛋瘦肉粥、鸡肉粥和牛肉粥等。白粥要配合小菜食用，所以通常会放一些配菜在粥档，如肉松、咸蛋、皮蛋、花生米、豆腐乳、泡菜等。

西方国家的自助餐比较简单。中国人讲究饮食的多样性，所以在中国，自助早餐相当丰富：除了早餐必备的面包、豆浆外，还有品种丰富的中式点心，如馄饨、叉烧包、豆沙包、素菜包、虾饺和油条等。中式粥如图 4—2—8 所示。

图 4—2—8　中式粥

（八）热菜

放在自助餐台上的热菜需要放在保温锅中加热保温。热菜通常有炒年糕、炒河粉、炒时蔬、茶叶蛋、锅贴、香肠、腌肉、土豆饼、培根等，客人可以根据自己的喜好自行从保温锅中拿取。热菜如图 4—2—9 所示。

（九）开放式厨房

开放式厨房是指在自助台上展示生的或半熟的食品，客人选择后由厨师现场烹饪制作。开放式厨房受到越来越多的客人的追捧，因为客人可以亲眼看到食物的制作过程，且由于即吃即做，可以确保食物新鲜、美味和卫生，而对于饭店而言，则可以最大限度地降低食品成本、减少浪费。开放式厨房如图 4—2—10 所示。

图 4—2—9　热菜

图 4—2—10　开放式厨房

在各类早餐自助餐菜肴中，很多都可以使用开放式厨房的形式。例如：鸡蛋类食品。客人可以根据个人喜好选择任意做法，如炒蛋、水波蛋、煮蛋、蛋卷等，并且可以在蛋档放置各类配料供客人选择，如番茄丁、蘑菇丁、火腿丁、奶酪、洋葱丁、甜椒丁等。

同样，中式面条和中式点心也都可以运用在早餐开放式厨房中，为客人提供更多的做法和选择。

（十）水果和酸奶

水果和酸奶作为健康食品，是中餐中不可缺少的。可供客人选择的水果有新鲜切片水果，如火龙果、香橙、西瓜、菠萝等；整水果，如苹果、龙眼、香梨、红提、香蕉、莲雾、金橘等；糖水水果，如糖水雪梨、糖水苹果、糖水黄桃等。

通常，饭店会将水果和酸奶放在同一区域，因为很多客人有将水果和酸奶混合在一起吃的习惯。饭店自助餐台上的酸奶分为独立包装的和饭店自制的两种。独立包装的酸奶有原味的，也有果味的，如草莓酸奶、芦荟酸奶、葡萄酸奶等。而饭店自制酸奶也可以是多种口味的，如自制原味酸奶、自制水果味酸奶和特制低脂纯酸奶等。

二、正餐自助餐

正餐自助餐顾名思义是主要区别于午餐和一些非正式的自助餐来讲的。因为它一般在较正式的场合举行。自助餐食品必须安排在经过精心布置的自助餐台上，自助餐台的点缀和装饰是显示厨师长个人技艺和创意的机会。

（一）面包

晚餐自助餐台上的面包品种相对于早餐而言要少很多，因为在晚餐中，面包是用来配合其他菜肴食用的。面包主要是餐包（硬包、软包、全麦面包、蒜蓉面包等），需要配合黄油食用。也有一些饭店，会特别准备正餐面包，待客人坐下来以后现烤，然后由服务员服务面包和黄油。

（二）开胃菜和沙拉

开胃菜（见图4—2—11）是前奏，扮演着催化剂的角色，目的是刺激食欲，通常以小菜的形式出现。

自助餐台上的开胃菜一般用大的餐盘作为容器，配有自助餐专用夹，由客人自行取用。也可用一些容量较小的瓷器或玻璃容器分装，客人可以直接将容器连同菜肴取走，这样不但美观、卫生，而且取用方便。

在传统的西餐中，沙拉通常在主菜之后、甜品之前食用。因为在用过口味比较重的主菜之后，沙拉有很好的中和作用。由于现代人生活节奏加快，沙拉因为制作简单，很少需要加热，所以无论是在零点菜单上还是自助餐上，很多客人都愿意将沙拉作为开胃菜，在主菜前食用。自助餐沙拉以清凉蔬菜为主，如生菜、西红柿、紫苏菜、玉米、青椒等，同时会放一些腌小洋葱、酸黄瓜等作为配菜。放在自助餐台上的沙拉酱通常有千岛汁、油醋汁等。蔬菜沙拉如图4—2—12所示。

图 4—2—11　开胃菜

图 4—2—12　蔬菜沙拉

（三）海鲜和日本风味

海鲜和日本档中的刺身是自助餐中最“贵”的部分。很多客人评价一个自助餐的好坏都以海鲜和刺身作为标准。海鲜品种的多少、海鲜和刺身是否新鲜、用什么样的海鲜等决定了自助餐的价格。许多饭店纷纷打出“海鲜大餐”的旗号，将主要精力都放在了海鲜和刺身上。

海鲜主要为各类带壳软体海鲜，如龙虾、虾、蟹、青口螺、蚝等。自助餐海鲜通常在水煮后放在餐台冰槽内（见图 4—2—13），用碎冰保持海鲜的新鲜度。当然，热菜中也有海鲜且做法多样，如芝士焗龙虾。

日本档中有刺身、寿司和日式冷面等多种食物。刺身（见图 4—2—14）是指将海鲜的鱼类去刺消毒生吃，如三文鱼、鲷鱼、金枪鱼、北极贝等都可制成刺身，可以直接生吃。新鲜的刺身价格昂贵。此外，日本寿司及冷面等也是自助餐中日本档上常见的食物。

图 4—2—13　海鲜

图 4—2—14　刺身

（四）中式冷菜、中式点心

中国饭店内的自助餐，具有中国地方特色的中式冷菜和点心是必不可少的。杭州冷菜常常在自助餐台上大受追捧，如杭州酱鸭、白切鸡、西湖莲藕等。点心可以根据不同城市的地方特色制作，也可以将其他城市的地方特色搬上自助餐台，如广式点心就受到不同城市客人的欢迎。中式冷菜、中式点心如图 4—2—15、图 4—2—16 所示。

图 4—2—15　中式冷菜

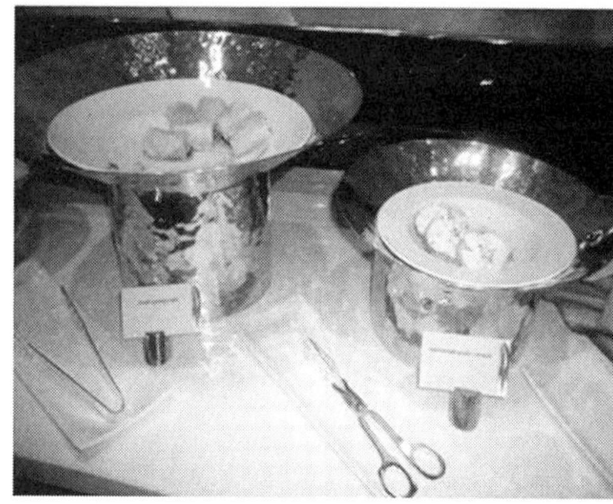

图 4—2—16　中式点心

（五）汤

汤通常在用开胃菜或沙拉、海鲜时或之后喝，具有暖胃的功效，可以增进食欲。

（六）热菜

热菜是自助餐最主要的部分。热菜可以在喝完汤后品尝，主要有海鲜、肉类及蔬菜。海鲜主要包括淡水鱼、海水鱼及其他产品，烹饪方式有蒸、煮、扒、烤、煎等。肉类主要以牛、羊、猪和禽类、野味等为主。在肉类的选择上，应用牛、羊等较鲜嫩的部位，主要烹饪方法有煎、炒、扒、烤、烩、炖等并配以原汁或香料汁。此外，还有各种蔬菜用以满足不同客人的不同需求。热菜如图 4—2—17 所示。

图 4—2—17　热菜

（七）开放式厨房

开放式厨房其实是展示热菜的一种形式，可以根据客人的不同要求进行现场烹饪，在一定程度上增加了客人选择的余地，也更好地满足了客人的个性化需求。

例如，可以将铁板、肉扒类食品设于开放式厨房内，根据客人的喜好现场将食物用铁板烹饪。又如面类，意大利面、中式面条、日本乌冬面等都可以放在自助餐台上供客人选择。而同一种面条也可以有多种做法，如意大利面的汁酱不同，口味便完全不同。

（八）甜点

甜点作为最后品尝的部分，包括水果、蛋糕、冰淇淋、巧克力及布丁等。甜点制作精美且富有创意，使人意犹未尽，如图 4—2—18 所示。

图 4—2—18 甜点

三、自助餐的特点

（1）进餐时间没有严格的规定，来宾早走、晚来都不需要向主人解释和道歉。

（2）通常不安排座位，来宾可在厅里自由活动、随意交流，因此交际面广。

（3）冷盘、热菜、点心、水果、酒水均可根据主办人的要求提前摆放在食品台、酒水台上，宾客可多次取用。

（4）场地不受限制，室内室外均可，条件允许，可在家庭中举办。

【工作过程】

一、开餐前的准备工作

（一）布置场地

（1）通过自助餐宴会通知单（见图 4—2—19）了解参加人数、宴会形式、台型设计、菜肴品种、布置主题等事项。

本合同由__________________ 饭店地址__________________
与__________________ 公司地址__________________
为举办宴会活动所达成的具体条款：
活动日期__________________ 时间__________________
活动地点______________ 菜单计划__________________
饮料__________________ 娱乐设施__________________
其他__________________ 结账事项__________________
预付订金__________________
客户签名__________________ 饭店经手人签名____________
日期__________________
注意事项：
1.宴会活动所有酒水由酒店提供
2.大型宴会预收 10%订金
3.所有费用在宴会结束时一次付清
本宴会合同一式五联

图 4—2—19 自助餐宴会通知单

(2) 食品台的摆设应方便宾客迅速、顺利选取菜肴，应按照宾客流动方向安排取菜顺序。食品台摆设如图 4—2—20 所示。

图 4—2—20 食品台摆设

(3) 餐桌在摆放时要突出主桌并预留通道。

(4) 环境布置应围绕宴会主题进行，如元旦、周年庆典、圣诞节、婚礼等。婚宴和周年庆典环境布置如图 4—2—21 和图 4—2—22 所示。

图 4—2—21 婚宴

图 4—2—22 周年庆典

(二) 餐台的布置

(1) 先在餐台上铺台布，台子四周围桌裙，如图 4—2—23 所示。

图 4—2—23 餐台布置

(2) 台中央可用冰雕、鲜花、水果等装饰物进行点缀，以烘托气氛，如图 4—2—24 所示。

(三) 菜肴及其他物品的摆放

(1) 宾客盛菜用盘应整齐地摆放在自助餐台最前端，立式自助餐应附有杯托架、餐刀、餐叉、餐巾等用品，如图 4—2—25 和图 4—2—26 所示。

图 4—2—24　台面装饰物

图 4—2—25　物品摆放

图 4—2—26　餐具摆放

（2）沙拉、开胃品和其他冷菜放在人流最先能取到的一端，接着按西餐进餐顺序摆热菜、肉类菜、其他热主菜等。冷菜摆放如图 4—2—27 所示，热菜摆放如图 4—2—28 所示。

图 4—2—27　冷菜摆放

图 4—2—28　热菜摆放

(3) 菜肴的配汁应与菜肴摆在一起，如图 4—2—29 所示。

图 4—2—29　菜肴与配汁

(4) 热菜通常用保温锅保温，如图 4—2—30 所示；冷菜使用冰块保护其冷度，如图 4—2—31 所示。

图 4—2—30　热菜保温

图 4—2—31　冷菜用冰块保护

(5) 为了不使餐台过于拥挤，甜品、水果一般单独设台摆放，也可放在主菜的后面及人流最后取到的一端。图 4—2—32 所示为甜点台，图 4—2—33 所示为水果台。

图 4—2—32　甜点台

图 4—2—33　水果台

(6) 按 300 人/个的标准设立酒水台，并由专人值台；酒水也可通过服务员服务到客人桌上。

(7) 所有使用过的盘碟及托盘应放置在距桌 6～9 米的地方。

二、开餐前的迎宾服务

(1) 在门口设迎宾台（见图 4—2—34），查验请柬或请客人签到。

图 4—2—34　迎宾台

(2) 在酒会开始前半小时或 15 分钟，一般在宴会厅门外大厅或走廊为先到的宾客提供鸡尾酒、饮料或小吃，直到酒会时间将到，才请宾客进入宴会厅。

三、就餐服务

(1) 除了主桌设坐席卡外，其他餐桌用桌花区别，由宾客自由选择入座。如图 4—2—35 所示。

图 4—2—35　主次桌席

（2）服务员为每桌宾客斟冰水，询问是否需要饮料。

（3）全部宾客就座后，主办单位致辞、祝酒，宣布酒会正式开始。

（4）在较高档的坐式冷餐会中，开胃品和汤常由服务员送到餐桌上，而面包、黄油是提前派好的。

（5）自助餐台应有厨师或服务员值台，负责向宾客介绍、推荐、夹送菜肴，分切肉车上的大块烤肉，及时更换和添加菜肴，检查食品温度，回答宾客提问等，如图 4—2—36 和图 4—2—37 所示。

图 4—2—36　值台厨师

图 4—2—37　值台服务员

（6）服务员要在餐厅里勤巡视，细心观察，主动为宾客服务。巡视时，不得从正在交谈的宾客中间经过。

（7）宾客取食品时，要给其送碟，帮宾客拿取食品和分送食品。服务员还要经常注意菜的剩余量，一旦某种菜肴剩余不多，应及时补充，如图 4—2—38 所示。

图 4—2—38　补充菜肴

(8) 宾客在进餐过程中，服务员应分成两部分：一部分继续送酒、饮品及分食；另一部分负责收拾空杯碟，以保证餐具周转。同时要注意保持食品台及餐台的整洁，勤换烟灰缸。

(9) 服务员既要坚守岗位，又要有协作精神，看到该做而又没人管的事情，要主动去做。

(10) 冷餐会一般举行一个半到两个小时，后半段服务往往比较松懈，应高度重视，坚持提供一流服务。

(11) 管理人员在现场检查服务运转情况，协调厨房生产与餐厅服务工作，处理各种突发事件，指挥员工圆满完成各项服务工作。

(四) 结束后的收尾工作

(1) 由主管或经理负责及时结账，检查所有账目。

(2) 客人离开时，检查有无客人遗留的物品并礼貌地向客人道别。

(3) 酒会结束后，厨师负责将余下的菜肴全部撤回厨房分别处理。

(4) 服务员负责清理餐台、食品台，将用过的餐具、用品送洗涤间。

(5) 宴会负责人写出“酒会服务报告”备案，进行服务小结，不断提高服务质量。

知识链接

自助餐的由来

自助餐（Buffet）是起源于西餐的一种就餐方式。厨师将烹制好的冷、热菜肴及点心陈列在餐厅的长条桌上，由客人自己随意取食，自我服务。这种就餐形式起源于8世纪至11世纪北欧的斯堪的纳维亚半岛。相传这是当时的海盗最先采用的一种进餐方式，至今世界各地仍有许多自助餐厅以“海盗”命名。海盗们性格粗野、放荡不羁，用餐时讨厌那些用餐礼节和规矩，只要求餐馆将他们所需要的各种饭菜、酒水用盛器盛好，集中在餐桌上，然后由他们畅饮豪吃，吃完不够再加。海盗们这种特殊的就餐形式，起初被人们视为是不文明的现象，但久而久之，人们发现这种方式也有许多好处：对客人来说，用餐时不受任何约束，随心所欲，想吃什么菜就取什么菜，吃多少取多少；对酒店经营者来说，由于省去了客人的桌前服务，自然就省去了许多人力，为企业降低了用人成本。因此，这种自助式的用餐方式很快在欧美各国流行起来，并且随着人们对美食的不断追求，自助餐的形式由餐前冷食、早餐逐渐发展成为午餐、正餐；由便餐发展到各种主题自助餐，如情人节自助餐、圣诞节自助餐、周末家庭自助餐、庆典自助餐、婚礼自助餐、美食节自助餐等；按供应方式，由传统的客人取食成品发展到客前现场烹制、现烹现食，甚至还发展为由客人自助食物原料，自烹自食的“自制式”自助餐。

西餐传到中国以后，自助餐的就餐方式自然随之被带到我国。这种就餐方式最早出现在20世纪30年代外国人在中国开的大饭店里，但它真正与中国老百姓接触，是在20世纪80年代后期。随着中国对外开放，新兴的旅游合资宾馆、酒店将自助餐推广到我国大众餐饮市场，自助餐以其形式多样、菜式丰富、营养全面、价格低廉、用餐简便而深受消费者喜爱。

【工作评价】

评价内容	评价方式			评价等级
	自评	小组评价	教师评价	
准备工作				
早餐摆台				
正餐摆台				
整体评价				
总评				

【拓展与练习】

1. 拓展项目

项目内容：分组策划如何进行自助餐的销售。

2. 思考与练习

（1）以小组为单位，反复分解练习自助费服务程序的每个步骤。

（2）在分解练习服务程序的基础上，指出他人练习中存在的问题。

【任务小结】

通过本任务的学习与实践，使学生了解自助餐的特点，掌握自助餐的服务流程，知道如何正确为客人提供有针对性的优质服务，为今后在西餐厅从事服务工作奠定扎实的专业操作基础。

任务三　鸡尾酒会服务

【工作情景】

本周末，行知大酒店将举行一个鸡尾酒会。在舒适宽敞的西餐厅里，工作人员正在讨论如何设计酒会的台型，提供什么样的鸡尾酒、点心，以及怎样做到周到的酒会服务，以营造轻松、温馨的氛围。

【知识预备】

一、什么是鸡尾酒会

鸡尾酒会以供应各种酒水为主，也提供简单的小吃、点心和少量的冷热菜。鸡尾酒会一般不设座，宾客可以迟到或早退，不拘于形式，只准备临时吧台、食台，在餐厅四周设小圆桌，桌上放置餐巾纸、烟灰缸、牙签等物品。

与自助餐相比，鸡尾酒会显得简单、随意，不十分讲究背景环境和气氛，更不拘于礼节，所提供的食品数量相对来讲少得多。实际上，自助餐是从鸡尾酒会发展演变而来的，因而至今二者还有许多相似之处。

二、鸡尾酒会的特点

（1）鸡尾酒会以酒水为主，有鸡尾酒（见图4—3—1）和各种混合饮料以及果汁、冷水、矿泉水等，一般不用或少用烈性酒。

图4—3—1 缤纷的鸡尾酒

知识链接

鸡尾酒的由来

关于鸡尾酒的由来有着不同的传说。一种传说是：美国独立战争时期，纽约州一个小酒店女招待叫贝特西·弗拉纳根，她接待许多军官喝酒时发现各种酒都不多了，她急中生智，把剩下的各种酒混在一起，并拔了一根鸡尾来搅拌。军官们喝后连声叫好，问这是什么酒，她顺口答道："鸡尾酒。"从此，这种酒就在世界上流行了。另一种传说是：18世纪，一个美国农村旅馆老板的女儿因遗失一只心爱的公鸡而得了病。老板焦急万分，向村民宣布：若有人找到公鸡，便可与他女儿成婚。后来，一个小伙子找到了。当他们结婚那天，老板的女儿把珍藏的各种好酒混在一起，请大家畅饮。从此，人们便将几种混合在一起的酒称为鸡尾酒。

（2）鸡尾酒会的食品多为三明治、小香肠、炸鸡腿、炸春卷、薯条等各种小吃，放在餐台上，以牙签取食。

（3）举行鸡尾酒会的时间较为灵活，上午、中午、下午、晚上均可，宾客参加鸡尾酒会可迟来早退，不受约束。

（4）鸡尾酒会举行的地点可在室内（见图4—3—2），也可在室外（见图4—3—3），空间不受限制。

图4—3—2　室内鸡尾酒会

图4—3—3　室外鸡尾酒会

（5）鸡尾酒会不设座位，酒水、饮料和食品可由服务员用托盘端送，也可放在餐台上，由客人自由取用。客人都是站着品酒、进食，自由交谈，如图4—3—4所示。

图4—3—4　鸡尾酒会现场

（6）国内现在举行的鸡尾酒会通常会在西式餐点的基础上增加部分中式餐点。

（7）鸡尾酒会举行的时间较短，一般为60分钟左右。

三、鸡尾酒会的类型

（一）根据酒会主题分类

鸡尾酒会一般都有比较明确的主题，如婚礼酒会、庆典酒会、产品发布酒会、乔迁酒会等，这些主题对于举办者而言非常重要。餐厅应针对不同主题，进行相应的场地装饰、布置，营造适宜的氛围，并提供合适的酒水、饮料和食品。

（二）根据组织形式分类

根据组织形式来分，鸡尾酒会分为两大类，一类是专门酒会，另一类是正式宴会前的酒会。

专门酒会单独举行，包括签到、组织者和来宾致词、表演等完整过程，可分为自助餐酒会和小食酒会。自助餐酒会一般在午餐或晚餐时间进行，而小食酒会多在下午茶时间进行。

正式宴会前的鸡尾酒会比较简单，主要功能如下：（1）在正式宴会前召集客人，让早到而等候的客人不至于感到被冷落；（2）将此作为宴会点题、致辞欢迎的机会；（3）给予客人一个自由交流、联络感情的场所，因为正式宴会开始后，客人在自己的座位上一般只方便与自己同桌的客人交流。

（三）根据收费方式分类

按照收费方式，也可以把鸡尾酒会分为定时消费酒会、计量消费酒会、定额消费酒会三种。

1. 定时消费酒会

定时消费酒会也称为包时酒会，通常只需要将人数、时间确定之后即可安排，酒会结束之后结算费用。确定时间之后，客人只能在固定的时间内参加酒会，时间一到就停止供应酒水。

2. 计量消费酒会

计量消费酒会是根据酒会中客人所饮用的酒水数量进行结算的。这种酒会既不限定时间，也不限定酒水品种，只根据客人需要而定。酒会结束后按照酒水消耗量结算，实际用量多少就计算多少。

3. 定额消费酒会

定额消费酒会是指客人的总消费额已经固定，按照客人的人数和总消费额的多少来安排酒水的品种和数量。这种酒会要精心测算，进而确定合适的酒水品种、品牌和数量，既要能够满足客人的需要，也要控制好酒水的成本。

（四）其他酒会

一些星级酒店的酒吧还常举行现付消费酒会，主人只负责客人的入场券和观看节目表演的费用，客人的酒水消费则自己承担和支付；还有外卖式酒会，这是为希望在自己公司和家中举行酒会的客人提供的服务，这种酒会需要将酒水、器皿、调酒用具等运到客人指定的地方，因此必须做好充分的准备，避免酒水、物品准备不足而需要临时从酒店搬运。

四、鸡尾酒会的礼仪

谈到鸡尾酒会，人们总会将其与豪华的场面、精致少量的食品以及彬彬有礼的客人联系起来。被邀请参加鸡尾酒会的客人一般都要精心修饰一番。例如，男士要穿西服或小晚礼服，女士要化妆且穿正装等。鸡尾酒会上要小声说话、小口啜饮、少量进食，某些人士有时因饥饿难忍露出馋相，就会被认为有失礼仪。

【工作过程】

一、准备工作

(1) 根据宴会通知单的具体细节要求设计台型、摆放桌椅，准备所需的各种设备。常见的台型有V型、T型、S型长台等。鸡尾酒会台型示例见图4—3—5。

图4—3—5　鸡尾酒会台型示例

(2) 鸡尾酒会临时设的酒吧台（见图4—3—6），应由酒吧服务员负责在酒会前准备好。根据宴会通知单上“酒水需要”栏的内容，准备好各种规定的酒水、冰块、调酒用具和足够数量的玻璃杯等。

图4—3—6　酒吧台

(3) 将足够数量（一般是到席人数的3倍）的甜品盘、甜点叉匙放在食品台的一端或两端，中间陈列小吃、菜肴，如图4—3—7所示。高档鸡尾酒会还准备肉车为宾客切割牛柳、火腿等。

图 4—3—7　酒会布置图

（4）小桌放在餐厅四周，桌上放花瓶、餐巾纸、烟灰缸、牙签盅等物品，少量椅子靠墙放置。

（5）宴会厅主管根据酒会规模配备服务人员，一般以一人服务 10～15 位宾客的比例配员。

（6）端送酒水、调配鸡尾酒等都应有专人负责，做到明确分工。

二、服务工作

（1）鸡尾酒会开始后，各岗位的服务人员都应尽自己所能为宾客提供尽善尽美的服务。图 4—3—8 所示为准备就绪的服务人员。

（2）负责端送酒水的服务人员，用托盘端着斟好酒水的杯子在宾客中巡回，由宾客自己选择托盘上的酒水，如图 4—3—9 所示。一般来说，酒水托盘中应放一只口纸杯，每杯饮料均用口纸裹着递送给宾客。

图 4—3—8　准备就绪的服务人员

图 4—3—9　端送服务

（3）专设服务人员负责收回宾客放在小桌子上的空杯子、空盘子、废牙签、脏口纸等，送至洗涤间并将小桌重新布置。

（4）负责菜点的服务人员要保证有足够数量的盘、碟、勺、叉，应主动帮助老年宾客取食、添加点心、菜肴，必要时可用托盘端送特色点心供宾客选择，如图 4—3—10 所示。

图 4—3—10　端送点心

（5）吧台服务人员负责斟倒酒水和调配宾客所点的鸡尾酒（见图 4—3—11），在收费标准内保证供应。

图 4—3—11　调配鸡尾酒

（6）酒会中，每个服务人员都应勤巡视。递送餐巾纸、酒水和食品时，不要碰着宾客和宾客手中的酒杯。

三、结束收尾工作

（1）宾客结账离去后，服务人员负责撤掉所有的物品。

（2）将余下的酒品收回酒吧存放，如图 4—3—12 所示。

图 4—3—12　存放酒水

（3）脏餐具送洗涤间，干净餐具送工作间重新消毒后备用。

（4）撤下台布，收起桌裙，为下一餐做好准备。

【工作评价】

评价内容	评价方式			评价等级
	自评	小组评价	教师评价	
准备工作				
服务工作				
结束收尾工作				
总评				

【拓展与练习】

1. 拓展项目

项目内容：分组调配一杯七色彩虹。

（1）配方：石榴糖浆、绿薄荷酒、白可可酒、蓝乔力梳酒、加力安奴、君度橙酒、白兰地。

（2）器皿：利口杯、吧匙、量酒器。

（3）训练步骤：

1）了解七色彩虹配方及比例。

2）熟悉每种酒的酒精度和特征。

3）根据调配要求，按规范操作。使用酒吧长匙的背面，慢慢地一次分层滴入各种酒液。

4）评价与鉴定：调配好酒之后，出品时用火点燃最上面的白兰（观赏这款酒时应该在幽暗的环境中）。

2. 思考与练习

（1）鸡尾酒会的特点是什么？

（2）鸡尾酒会的礼仪有哪些？

【任务小结】

通过本任务的学习与实践，使学生了解鸡尾酒会的特点，掌握鸡尾酒会的服务流程及注意事项，能够组织、策划鸡尾酒会。

图书在版编目（CIP）数据

西餐服务/陈燕航主编. —北京：中国人民大学出版社，2014.8
21 世纪职业教育规划教材
ISBN 978-7-300-19562-9

Ⅰ.①西… Ⅱ.①陈… Ⅲ.①西式菜肴-餐馆-商业服务-职业教育-教材 Ⅳ.①F719.3

中国版本图书馆 CIP 数据核字（2014）第 174235 号

21 世纪职业教育规划教材
西餐服务
主　编　陈燕航
副主编　张水芳　王霞云　黄志明
Xican Fuwu

出版发行	中国人民大学出版社		
社　址	北京中关村大街 31 号	**邮政编码**	100080
电　话	010－62511242（总编室）		010－62511770（质管部）
	010－82501766（邮购部）		010－62514148（门市部）
	010－62515195（发行公司）		010－62515275（盗版举报）
网　址	http://www.crup.com.cn		
经　销	新华书店		
印　刷	北京昌联印刷有限公司		
规　格	185 mm×260 mm　16 开本	**版　次**	2014 年 9 月第 1 版
印　张	9.5	**印　次**	2021 年 6 月第 4 次印刷
字　数	202 000	**定　价**	22.00 元

教师信息反馈表

为了更好地为您服务，提高教学质量，中国人民大学出版社愿意为您提供全面的教学支持，并期望与您建立更广泛的合作关系。请您将下表中相关信息以电子邮件或信件的形式反馈给我们。

<table>
<tr><td>您使用过或正在使用的我社教材名称</td><td></td><td>版次</td><td></td></tr>
<tr><td>您希望获得哪些相关教学资料</td><td colspan="3"></td></tr>
<tr><td>您对本书的建议（可附页）</td><td colspan="3"></td></tr>
<tr><td>您的姓名</td><td colspan="3"></td></tr>
<tr><td>您所在的学校、院系</td><td colspan="3"></td></tr>
<tr><td>您所讲授的课程名称</td><td colspan="3"></td></tr>
<tr><td>学生人数</td><td colspan="3"></td></tr>
<tr><td>您的联系地址</td><td colspan="3"></td></tr>
<tr><td>邮政编码</td><td></td><td>联系电话</td><td></td></tr>
<tr><td>电子邮件（必填）</td><td colspan="3"></td></tr>
<tr><td>您是否为人大社教研网会员</td><td colspan="3">□ 是，会员卡号：____________
□ 不是，现在申请</td></tr>
<tr><td>您在相关专业是否有主编或参编教材意向</td><td colspan="3">□ 是　　　　□ 否
□ 不一定</td></tr>
<tr><td>您所希望参编或主编的教材的基本情况（包括内容、框架结构、特色等，可附页）</td><td colspan="3"></td></tr>
</table>

我们的联系方式：北京市海淀区中关村大街甲 59 号文化大厦 1508 室
中国人民大学出版社教育分社
邮政编码：100872
电话：010-62515912
网址：http://www.crup.com.cn/jiaoyu/
E-mail：cruplya@126.com